大きく考えることの魔術

The Magic of Thinking Big

あなたには無限の可能性がある

【新訂版】

ダビッド・J・シュワルツ
David J.Schwartz
桑名一央［訳］

実務教育出版

THE MAGIC OF THINKING BIG

by

David J. Schwartz

Original English language edition published by
Prentice-Hall, Inc., Englewood Cliffs, New Jersey, U. S. A.

装幀　赤谷　直宣

（新訂版発行に際し、文章の一部を修正いたしました）

まえがき

この本をなぜ書いたのか？　大きく考えることの魔術についてなぜかくも大いなる論を展開しなければならなかったのか！

少しそのわけを説明することを許していただきたい。

数年前のことだが、私はある会社のセールスマンたちの集会に立ち会ったことがある。このとき、演壇に立っていたマーケティング担当副社長は、とても興奮しながら演説していた。彼のそばには、この会社で第一位の成績をあげたセールスマンが立っていた。どう見てもごく平凡にしか見えない男だったが、彼はこの一年間に二五万ドルもの収入を手にしていた。ほかのセールスマンの収入は平均して五万ドル程度だというのに、この男だけはずばぬけていたのである。

副社長は、集まったセールスマンたちにこう言ってハッパをかけていた。

「私は君たちに、ハリーを見習えと言いたい。ハリーは、平均の五倍もの収入をあげているのだ。誰にでもできなかったことをなしとげたのだ。だがどうだろう。彼は人の五倍も頭が良かったのだろうか？　そんなことはない。私もチェックしてみたのだが、彼の知能指数は営業部内のほぼ平均というところだ。なのに、五倍もの収入を得ているのだ」

「ではハリーは、君たちより五倍も働いただろうか？　これも違う。報告書によればこれも普通程度だった」

「ハリーだけがよい担当地域を与えられたのか？　これもノーだ。より多くの教育を受けていたのか？　並外れた体力を持っていたのか？　すべてノーだ。ハリーは、普通の人間と何ら違うところはないのだ」

「ではどうして五倍も稼いだのか？　それは、ハリーが君たちよりも五倍大きく考えたからなのだ！」

　これを聞いたとき、私は非常に面白い考え方だと思った。そして、いつまでも心に残ったのである。以後、観察すればするほど、人と話せば話すほど、成功の成り立ちを探れば探るほど、そのことが明白になってきた。事例という事例がすべて、成功するかどうかは考え方の大きさによって決まるということを示していたのだ。その人の預金の多さも、幸福の大きさも、満足の大きさもすべて、その人の考え方の大きさに比例しているのである。大きく考えることには、何らかの魔術がひそんでいるのである。

　しかし「それなら、どうしてみんな大きく考えるようにしないのでしょう」と言うだろう。

それは、私たちは、自分たちが考えている以上に周囲の考えに影響を受けているからだ。そして周囲の考えの多くは、大きなものではなく、小さなものばかりなのである。あなたの周囲の環境は、あなたを二流の地位に引きずりおろそうとするものであふれている。

例えば「物事はなるようにしかならないさ」などと言われる。あるいは、運は意のままにならず、悪運だけがついて回る、とも言う。だから、夢など忘れろ、と言っているのである。立派な家を建てることも、子供を大学へやることも、よりよい生活をすることも忘れることだ、そんな夢みたいなことはあきらめて、ただじっと死ぬのを待っていればいいのだ、と暗に告げているのである。

あるいはまた、こんなことを言う人もいる。「成功なんて、そんな犠牲を払うほどのものではないさ」と。まるで、トップに達するには、魂を売り、家族の生活や自分の良心までも犠牲にしなければならないかのようなのだ。しかし実際には、成功は犠牲など要求するものではない。反対に、一歩前に進むごとに配当が生まれるようなものなのだ。

あなたの周囲の環境はまた、トップに達するには競争が多すぎるとも語っている。だから上に昇るのは無理だというわけだ。しかしほんとうにそうなのだろうか。ある人事部長の話によると、年間四万ドルの仕事に対する応募者は、年間二〇万ドル支払う仕事の五〇倍にも達するという。ということは、第一級の仕事よりも、第二級のやさしい仕事のほうがずっと競争が激しいということだ。競争という点だけを考えれば、第一級の仕事に就くほうが簡単なのだ。まだまだ未開拓で残されている分野といえるのである。思いきって大きく考えてみれば、まだまだ仕事に就く余地が残されているのである。

実は、大きく考えることの魔術の原理と考え方は、この世に存在したもっとも偉大な精神に由来している。「人はその心で考えるごときものとなる」と書いたのは予言者ダビデであり、「偉大な人物とは、思考が世界を支配することを知っている人のことである」と言ったのはエマーソンだ。あるいはまた、ミルトンも『失楽園』の中で、「精神は独自の世界であり、その中では、天国を地獄に変えることもできるし、地獄を天国に変えることもできる」と書いている。シェイクスピアも「よいも悪いも、それはすべてあなたの考えがそうするのである」と鋭敏にも指摘しているのである。

私がこの本で述べようとしていることは、私自身の独りよがりなのでは決してない。偉大な思想家たちが、その生活の中で実証したことなのだ。人生のいつ、どこででも、魔法のごとくに作用する原理なのである。

大きく考えなさい。そうすればあなたは大きく生きられるだろう。あなたは幸福の点で大きく生きられるだろう。成功の点で大きく生きられるだろう。収入の点で大きく生きられるだろう。友人の点で大きく生きられるだろう。人に尊敬される点で大きく生きられるだろう。

約束はこれくらいで十分だ。

今すぐ出発しよう。あなたの考え方があなたのために魔法の働きをするのを助ける方法を見つけだすために、今すぐ出発しよう。「人生は小さくなっているには短すぎる」――偉大な賢人ディズレーリのこの考え方をモットーに、さあ出発だ！

D・J・シュワルツ

・目次

大きく考えることの魔術

第1章 成功できると信じよう

疑いを考えれば失敗する。勝利を考えれば成功する

成功とは何か

人は誰でも成功したいと望んでいる。成功とは人から賞賛されること、人の上に立つこと、仕事や社会生活において人びとからあがめられることだからだ。あるいは、成功は悩みや恐れ、欲求不満、失敗などからの自由をも意味するからだ。成功は勝利なのだ。それは人生の目的なのである。だからこそ、誰もがこの最善のものを手に入れたいと思う。

土の上を這って歩くような生活や、人に劣った人生を送りたいと思っている人は誰もいないだろう。自分は二流の人間で、やむを得ずこんな身過ぎ世過ぎの生活を送っていると考えるのは、誰にとってもやりきれないことだからだ。

信念の力の働き

では、そのような成功はどうやって手に入れたらいいのか。一つには、信念の力を信じることにある。といっても、信念の力に魔術的なものや神秘的な力があるわけではない。信念が次のように作用するから成功をもたらすのだ。つまり「私は実際にそれができる」という信念を持てば、それを実行するに必要な力、技術、エネルギーがもたらされるということだ。それができると信ずれば、それをする方法はおのずから開けるのである。

世界中の若者たちが、毎日、新しい職業へと巣立っている。彼らはいずれも、いつの日にかは成功してトップの座につきたいと〝望んで〟いるはずだ。しかし残念ながら、ほんの一部の若者をのぞいては、トップの座に達するのに必要な信念は持ちあわせていない。そして当然の結果として、やはりトップにはなれないのである。彼らはどこかで、そんな高い地位までは昇れないだろうと思っている。そのためにやはり、登山道を発見できないでいるのだ。これが一般的な〝普通人〟の態度なのである。だが、ごくわずかだが、そうでない人もいる。

二年前のことだ。私の知っているある青年が、キャンピング・カーを売る代理店をつくろうと考えた。しかし、周囲の人たちからは、それは無理だからやめるようにと忠告されてしまった。なにせ、彼の貯金は三〇〇〇ドルにも達していなかったし、その仕事には少なくともその数倍の資本金が必要だったからだ。

そのうえ、「競争がとても激しいんだよ」とも言われた。さらに「それだけじゃなく、だいいち君はキャンピング・カーを売った経験があるのかね？」と、その未経験を突かれもした。

しかしこの青年はめげなかった。自分自身と自分の成功能力とに自信を持っていたのだ。だからすぐさま、資本がないこと、業界の競争が激しいこと、そして自分には経験もないことを認めた。「しかし」と彼は言う。「キャンピング・カー産業は発展の一途にあるということを私は調べて知っています。また、競争相手のことも研究しました。さらに、私はトレーラーを扱うことにかけては、この町の誰にも負けないくらいに心得ているのです。だからまったく心配していません。少しの失敗はあるかもしれません。しかしそのうち急成長していくはずです」

そのとおりだった。確かに、資本を集めるのには若干苦労した。しかし、この事業で必ず成功するという彼の不動の信念は、とうとう実り、二人の投資家の信頼を得た。さらに彼の信念は、普通ならありえないことをも可能にした。あるトレーラー製造業者が、保証金をまったくとらずに、数台の車を彼に前貸ししてくれたのである。

昨年彼は、一〇〇万ドル以上ものキャンピング・カーを売った。「来年は二〇〇万ドル以上を売上げてみせますよ」と彼は豪語している。

信念——強い信念は、手段と方法を見いだす心を育てるのだ。そして、自分は成功すると信じていると、他人はあなたを信頼するようになるのである。

疑いを考えれば失敗する

私は長年にわたって、事業や仕事で失敗した人たちと会い、いろいろと話をしてきた。そしてそのとき必ず出てくるのは、失敗の理由やその言いわけなのだが、彼らに共通しているのは、「ほんとうのことを言えば、それが役立つとは最初から思っていませんでした」とか、「実のところ、それがうまくいかなかったからといって、あまり驚きはしませんでした」ということだ。

しかし、「まあやってみることはやってみるが、どうせうまくいかないだろう」といった態度は、失敗を生むだけなのだ。何かを信じないというのは否定的な力である。心が信じていなかったり、疑っているときには、心は信じない理由をつくり出す。そしてそれが原因となって失敗してしまうのだ。疑念、不信、失敗するだろうという潜在意識、成功すると心から願っていないこと、これらが失敗の原因になるのである。

疑いを考えれば失敗する。

勝利を考えれば成功するのだ。

二流人の態度をとるな

最近のことなのだが、私はある若い女流作家と彼女の仕事について話したことがある。そのときたまたま、文壇の一流の作家の名前が出てきた。すると彼女はこう言ったのである。

「○○さんはすばらしい作家ですわ。私などあの人の足もとにもおよびません」と。

私は○○氏を知っていた。だから彼女のこの言葉を聞いて、とてもがっかりした。なぜなら○○氏は、超人的な知識を持った人でもなければ、超人的な能力を持った人でもなかったからだ。彼は、人並み外れた強い信念を持っているということ以外は、普通の人と何ら変わらない人間だったのだ。彼はただ単に、自分は一流だと信じていたから、一流の人間のように行動していただけなのである。

目上の人をうやまうのはよいことだ。彼らから学べるものは学ぶことだ。彼らを研究し、見習うことがあれば見習うべきだ。しかし、彼らを崇めたてまつってはいけない。自分は彼らの上に行くことができる、ぬきん出ることができると信じることだ。二流の人間の態度をとる人は、いつまでたっても二流の域を出ることはできないだろう。

大きな仕事をするための考え方

信念は、人生におけるサーモスタット（自動温度調節器）のようなものだ。その温度を上げるか下げるかによって、なしとげられるかどうかが決まる。

例えば、凡庸で何も優れたことのできない連中を研究してみればいい。彼らは、自分があまり優秀ではないと信じ込んでいるために、せっかくの人生からわずかなものしか受け取れないでいる。大きなことなどできないし、自分は重要ではないと思っているため、周囲からも重要な人物ではないという刻印を押されてしまっているのだ。時がたつにつれ、信念の欠如は、話し方や歩き方、しぐさに現われてくる。このような人は、自分のサーモスタットを前向きに調整しなければならない。そうでない限り、ますますちぢこまり、ますます自分を過小評価するようになってしまう。そしてますます、周囲の人からも過小評価されてしまうのだ。

逆に、限りなく前進している人はどうだろう。彼は自分には多くの価値があると信じている。そしてそれがためにまた、多くのものを手に入れるのである。大きな仕事ができ、困難な仕事も処理することができると信じて疑わない。だから、大きな仕事が舞い込んでくるのである。彼の性格、彼の考え、彼の見解、人びとに対する態度、その他すべてのことがこう伝えている。「ここにプロの男がいる。彼は重要な人物だ」と。

人というのは、自分自身の考え方の産物なのだ。大きく信ずれば、大きく成長するのである。だから、あなたのサーモスタットを前向きに調整することだ。自分は成功するという信念で、成功への攻勢を開始するのだ。

「思考の工場」の二人の職工長

心は〝思考の工場〟みたいなものだ。そしてこの工場は、二人の職工長によって管理されている。一人を勝利君と呼び、もう一人を敗北君と呼ぶことにしよう。勝利君は積極的な考えの生産を担当する。そして、どうしてそのことがあなたにふさわしいのか、どうしてあなたにはその資格があるのか、また、どうしてあなたにはそれができるのかということをもっぱら考え続けている。一方の敗北君は、消極的で、何も認めようとはしない。そして、なぜあなたにはそれができないのか、なぜあなたは弱いのか、あなたはなぜ不適なのかといったことばかりを見つけるのが得意である。彼の専門は「なぜおまえは失敗するのか」を考える部門である。

まったく正反対な考え方を担当する職工長だが、勝利君も敗北君も二人とも、あなたにはたいへん従順だ。彼らはあなたのほんのちょっとした合図にもすぐ反応する。その合図が積極的なものであれば、勝利君が一歩前に出、働きはじめる。合図が消極的だと、今度は敗北君が前に出てくるのである。

実例で試してみよう。自分自身に「今日はいやな日だ」と言ってみたまえ。すると敗北君はすぐさま行動して、いくつかの〝いやな〟ことを生み出す。今日は暑すぎるとか寒すぎるというようなことにとどまらず、仕事がうまくいかないかもしれないとか、売り上げが落ちるだろうとか、あるいは、病気になるかもしれない、奥さんがヒステリーを起こすだろうといったことまで暗示するようになる。敗北君はとても有能なので、あっという間にあなたを自分の思いのままにしてしまうのだ。こうして、あなたの気づかないうちに、あなたの周囲はほんとうに

〝悪い一日〟になってしまうのである。

逆に、では「今日はとてもいい日だ」と言ってみたまえ。すると、勝利君がただちに行動を起こす。彼はあなたにこう告げるだろう。

「今日はすばらしい日です。お天気は爽やかだし、何もかもが生き生きしていますね。今日はきっとお仕事がうまく運びますよ」と。

そしてそのとおり、その日はよい日になるのである。

敗北君は、あなたは失敗するだろうということをあなたに納得させようとするのに対して、勝利君は、なぜあなたは成功するのかということを実地で証明してくれるのだ。だから、いついかなる場合でも、勝利君を使うことである。心を働かせようとする場合には、勝利君に出陣願うのだ。そうすれば彼はあなたに、どうしたら成功するかを示してくれるはずだ。

成功への第一のステップ、基本的なステップは、あなた自身を信ぜよ、あなたが成功することを信ぜよ、なのである。

信念の力を伸ばす方法

信念の力を身につけ、それを強化するためには、三つの方法がある。

①成功を考え、失敗を考えないこと

仕事をしているときだろうと、あるいは家にいるときだろうと、失敗など考えず、とにかく成功を考えなさい。困難な情況に直面したときには「ひょっとするとへまをやるかもしれない」などとは考えず、「勝てるのだ」と考えなさい。誰かと競争をしているのなら、「負けるかもしれない」などとは考えない。「自分こそナンバーワンだ！」と考えなさい。何かのチャンスが巡ってきたら、「できない」と考えず、「私ならそれができる」と考えなさい。すべてにわたって「自分は成功するのだ」という考え方を基本に据えることである。成功を考えれば、あなたの心は成功を生むコンディションを整える。逆に失敗を考えれば、あなたの心は、失敗を生む情況を整えてしまうのである。

②自分が考えているよりも、ずっと立派であるということをいつも思い出すこと

成功した人というのは、決してスーパーマンではない。成功は超能力を必要とするものでもないし、神秘的なものでもない。成功した人は、自分のすることに信念を持っているだけで、普通の人と変わりはないのだ。だから決して自分を安売りしてはならない。

③大きく信ずること

成功の規模は、あなたの信念の大きさによって決まる。小さな目標を考えれば、小さな成功しか期待できない。大きな目標を考えれば、大きな成功が得られる。このことをしっかりと頭

に刻みこんでおくことだ。大きな考えや大きな計画でも、わりと簡単に達成できることは、しばしばあることなのだ。

成功のための訓練計画

ゼネラル・エレクトリック社の会長、ラルフ・J・コーディナー氏は、リーダーシップについて次のように言ったことがある。

「リーダーシップを身につけたいと望んでいる人は、自己啓発についての自分なりのプログラムをたてるべきだ。他人に対して自己啓発を押しつけることはできないからだ。……自分の専門とする分野で停滞してしまうのか、それともより前進するのかは、その人の心がけしだいである。それには、時間と労力と自己を犠牲にすることが必要だ。誰もあなたのためにそれをしてあげることはできないのである」

コーディナー氏のアドバイスを受け入れ、実行してみることだ。事業経営においても、販売、技術などあらゆる仕事において第一級の地位に昇る人は、みな入念に、そしてたえまなく、自己啓発と成長のプランを実行したからこそ、その地位に到達したのである。

さて、計画を立てるには、まず三つのことをしなければならない。まず、何をするのかという内容を決めること。次に、どのようにしてそれを実現するかという方法を検討しなければならない。そして第三にそれは、厳密な吟味に耐えなければならない。つまり、成果をあげなければならないのだ。

まず内容については、成功した人たちのやり方が手本となる。彼らはどのようにして自己管理しているのか、どのようにして障害を突破しているのか、どのようにして人びとの尊敬を得ているのか、彼らと凡人たちとの違いは何か、彼らの考え方はどうか、などを手本として自分の計画を立てるのである。

自己啓発と成長のための方法は、本書の各章に示されている。だからそれを適用してみて、その結果を見ればいい。

では、もっとも重要な成果についてはどうだろうか。端的に言ってしまえば、本書に述べられているプログラムを忠実に実行すれば、思いもおよばないようなスケールの成功がもたらされるはずだ。家族からはより深い尊敬を受けるだろうし、友人や同僚からは賞賛されるようになる。地位を手に入れたり、収入が増え、生活水準が高まるのである。

いずれにせよ、自己啓発の訓練は自分で行わなければならない。どうしたらいいのか、何をするのかなど、誰も教えてはくれない。確かにこの本は、あなたにとっての手引きとはなるだろう。しかし、それを生かしうるのはあなただけなのだ。あなただけが訓練することを自分に命じることができ、あなただけがその進歩を評価しうる。あなただけがわき道にそれた自分をもとにもどすことができるのだ。約言すれば、あなただけが自分自身を鍛えられるのである。

本書の活用法

この本では、成功の原則がはっきりとわかりやすく記述されている。だから、この本を最大限に活用するには、次の三つの手順を踏むことが効果的だろう。

(1) まず、できるだけ早く全部を読んでしまうことだ。ただし、あまり早く読みすぎてもいけない。書かれていることが自分にどう当てはまるのかが正確にわかるように、それぞれの考え方や原則を頭に入れながら読むのである。

(2) 次に、一週間をかけて、各章を一章ずつ実際に研究していくことである。そのためのよい方法は、各章の末尾に要約しておいた原則を、小さなカードに書いておくことだ。一週間のあいだ毎朝これを見、「今日はこの原則をやってみよう」と決めるのだ。そして、そのカードを肌身離さず身につけておいて、一日に何回もこれを復唱してみるのである。夜になったなら、その日決めた原則がどれくらい実行できたのかを検討してみるのだ。そして明日はもっとよくやってみようと決意するのである。

(3) 各章をそれぞれ実行したなら、次は一年の間、毎月少なくとも一回はこの本を再読する。そして読むたびにあなた自身の実績を評価してみるのだ。常にもっともっと改善することを心がけるのである。

以上のことは、きちんとしたスケジュールに従って行わなければならない。食事を抜いてみたり、夜と昼とをとりちがえたりすれば、誰しも身体の調子をくずす。これと同じように、きちんとした日程を立てたなら、それにのっとって行うことが大切だ。毎日、自分自身を訓練するために一定の時間をとっておき、そのスケジュールを守るのである。

第2章 弁解するのはやめなさい

失敗の理由を健康、能力、年齢、運のなさにするな

成功しない人の精神的特徴

成功について考えるためには、まず人間について研究しなければならない。人間の本質を注意深く研究し、そこで発見した成功をもたらす原則をあなたの人生に適用するのである。

人間を深く研究していくと、おそらく、成功しない人には、精神を弱化させる考え方のあることに気づくはずだ。われわれはこれを弁解癖と呼んでいる。失敗はほとんどこの弁解癖の病気にとりつかれて生じる。そして残念なことに、普通の人はだいたいがこの病気のけ̇はもっているものなのだ。しかも、先の望みのない人間に限って、その言いわけを山ほど持っている。たいしたことのできなかった人間ほど、なぜできなかったのか、なぜしないのか、なぜそうで

ないのかを、もっともらしく、しかも流暢に説明するものなのだ。

ところが、成功した人たちの人生を研究すると、次のことがわかるはずだ。彼らは、平凡な連中がしたような弁解は決してしてはいないのである。

ビジネスマンにせよ、軍人、セールスマン、専門家、あるいは各界の指導者たちにせよ、成功した人たちもみな、何らかの欠点は持っている。彼らにも弁解しようと思えば、一つや二つはやれないことはないのだ。しかし私は、成功した人たちからそのような言いわけを聞いたこともなければ、そのような人に会ったためしもない。ルーズベルトは足の悪いことを言いわけにすることができただろうし、トルーマンは大学教育を受けていないことを言いわけすることができた。アイゼンハワーにしても、心臓病を言いわけの種にできた。しかし彼らはいっさいそういうことはやらなかった。なぜなのか。弁解癖という病気も、他の病気と同じように、正しく処理しないとますます悪化するものだからだ。

例えばこうだ。

「私は自分の力にふさわしい仕事はまだやっていない。体面を保つのにふさわしい言いわけはないだろうか。健康がすぐれないという言いわけはどうだろう。学歴がないということは？　年をとりすぎているということは？　若すぎるということは？　運が悪かったということは？　妻のせいにしてはどうだろう？　家族が協力的でないというのは？……」

延々と続く言いわけの中から、これだと思う言いわけを見つけると、彼はそれにしがみつく。そして、自分が進歩しなかった理由を、嬉々として他人に説明し、以後ずっとこの言いわけに頼るようになるのである。

考えというのは、それが積極的なものであろうが消極的なものであろうが、繰り返されるとしだいに強力になっていく。弁解癖の患者の場合もそうだ。最初のうちはこじつけだと知りつつやっていたことが、繰り返し同じ言いわけをするうちに、それが本当の理由であると信じこむようになるのである。

弁解癖の最悪なタイプ

だから、成功するための第一の手順は、弁解癖という失敗病にかからないように、予防注射をすることだ。

弁解癖はいろいろな形で現われるが、その最悪なタイプは健康を理由とした弁解、知識を理由とした弁解、年齢を理由とした弁解、そして運を理由とした弁解の四つである。だから、この四つの病魔からわれわれを守るための方法を考えていかなければならない。

最もよく見受けられる弁解の四つの形

健康を理由とした弁解

1――「健康がすぐれませんので……」

健康を口実とする弁解には「どうも気分がよくないので」といった漠然としたものから「どこそこが悪いので」という具体的なものまでさまざまある。だが、それらははたして弁解の正当な理由になるのだろうか。私の友人の内科医や外科医は、成功した人でまったく健康だった人など一人もいないと言っている。誰でも、どこか悪いところはあるものだ。それを言いわけとする人は多いけれども、成功を考える人はそんなことはしないのだ。

健康に対して正しく対処している人と、まちがった態度をとっている人の例を紹介しよう。

その日私は、クリーブランドでの講演を終えたところだった。三〇歳ぐらいの男性が、ほんの少しでいいから個人的に話したいと言ってきた。彼は講演での私に敬意を表したあと、こう言うのである。

「けれども先生、先生のお考えはどうも私には役立たないように思えるのですが……」

そして彼はこう続けるのだった。

「ごらんになってもおわかりだと思うのですが、私は心臓が悪いのです。それをいつも注意していなければならないのです」

彼はこれまで四人の医者に診てもらったそうだが、誰も悪いところを発見できなかったのだという。だから、どうしたらいいのか教えてほしいと言うのである。私はこう言ってやった。

「そうですか。私は心臓病についてはまったく知識がありません。ですから素人考えですが、私なら次の三つのことをやってみると思います。第一には、信頼できる専門医に診てもらい、その診断を受け入れます。あなたはこれまで四人の医者の診察を受けたそうですが、四人ともあなたの心臓に変なところはないと言いました。五番目の医者で、あなたの診察ごっこはおしまいにすることです。あなたの心臓がまったく健康だとわかったなら、こんなすばらしいことはないでしょう。なのに、それでもまだくよくよ悩み続けていれば、そのことだけで心臓が憂慮すべき状態になってしまうかもしれません。病気だ、病気だと思っているうちに、ほんとうに病気になることはよくあることなのです」

「私がおすすめしたい二番目のことは、シンドラー博士の書いた『三六五日をどう生きるか』という本を読むことです。シンドラー博士はこの中で、病院のベッドの四つのうち三つは、感情によってひき起こされた病気の患者によって占められていると指摘しています。だとすれば、四人のうちの三人は、彼らの感情を処理すればすぐによくなるということでしょう。シンドラー博士の本を読んで、あなたの〝感情管理〟のプランを立ててみることです」

「第三に、〝私は死ぬまで生きよう〟、と決意することです」

私は、もう何年も前に重症の肺結核をわずらった友人の弁護士の話をこの男にしてやった。彼は肺結核のために、抑制した生活を送らなければならなかった。しかしだからといって、弁護士の仕事も、家族のことも、毎日の生活の楽しみも、決して犠牲にはしなかった。今では七八歳になっているその友人は、彼の人生哲学をこう語っているのだ。

「私は、死ぬまで生き続けようと思っています。といっても、生と死とを混同しているわけではありません。この地上に私がいる間は、私は生きつつあるのです。ならば、半分死んだような状態でいる必要がどこにあるでしょうか。死について思いわずらう一秒は、その人が死んだも同然の一秒と同じなのです」

私は、デトロイト行きの飛行機に乗らなければならなかったので、こう話してあわただしくその場を立ち去った。しかし飛行機の中で、第二の、しかもとても愉快な経験をしたのだった。

離陸の騒音がやむと、突然、チクタクという音が私の耳に飛び込んできた。びっくりして、隣りに座っている男を見やった。その音はどうやら彼のほうから聞こえてくるようだった。するとこの男はにこやかにほほえんでこう言った。

「いやいや、これは爆弾ではありません。私の心臓が音をたてているのですよ」

私がまたまたびっくりしていると、彼はそのわけを説明してくれた。ちょうど二一日前に、彼は、心臓にプラスチックの弁を埋め込む手術を受けたのだった。チクタクという音は、人工の弁の上に新しい薄膜ができるまで、数か月は続くというのである。そんな彼が、私にこう話してくれた。

「実は大きな計画を立てているんです。ミネソタに帰ったら、法律を勉強しようと思っています。そしていつか、政府の仕事がしてみたい。医者は、数か月はのんびりしていなければならないが、それが過ぎれば生まれ変わったように元気になれると言ってくれましたからね」

二つの例は、健康問題に対する二つの違った道を私たちに示してくれている。一番目の男は、悪いとはっきりわかっているわけではないのに思い悩み、意気消沈し、うち砕かれてしまっている。これに対して第二の男は、困難な手術を受けた直後なのにもかかわらず、楽天的で、何かをしようという意欲に満ちている。

二人の違いは、健康について彼らがどう考えるかにかかっているのである!

健康を理由とした弁解癖を治すための四つの方法

健康を理由とする弁解癖を治すためには、次の四つのことをすることだ。

(1)　自分の健康について話すのをやめること。病気について話せば話すほど、それはますます悪くなっていくように思われるものだ。まるで雑草に肥料をやるようなものなのだ。しかも、聞いている人をうんざりさせる。多少の同情を受けることはあるかもしれないが、決して尊敬されることはない。だから、成功を志す人たちは、自分の身体の不調については、つとめて話さないようにするものだ。

(2)　健康について思いわずらうのをやめること。ウォルター・アルバレス博士などは次のように書いているくらいだ。「私は、悩んでいる人に対しては、いつも自制してくれるように頼んでいます。例えば、レントゲン写真ではまったく正常なのにもかかわらず、自分は胆のうを患っていると思い込んでいる人の場合には、胆のうのレントゲン写真はとらないようにと頼んでいます」

(3)　自分はこんなに健康なのだと心から感謝すること。「足のない人に出会うまでは、ボロ靴をはいているのを悲しいと思うものだ」ということわざがあるが、このことをよく覚えておきたい。「どうも気分がよくない」などとこぼすよりも、自分はこんなに健康だと喜ぶほうが、はるかに賢明だ。健康であることを感謝する気持ちは、これから起こるかも知れない病気や痛みに対する強力な予防にもなるのである。

(4)　「しまっておいて錆びつかせるより、すりきれるまで使ったほうがよい」という言葉を思い出すこと。人生は楽しむためにあるのであって、病院でのベッド生活のためにあるのではない。生を無駄にしないことだ。

知識を理由とした弁解

2――「あなたは成功するための能力を持っているけれど、私には……」

知識を理由とした弁解癖とは、例えば「私は頭が悪いから……」というようなもので、よく見られる弁解の一つだ。程度の差はあれ、おそらく私たちの周りの九五パーセントの人びとは、この種の病気を持っているといっても過言ではないだろう。ただ、自分から知識に欠けていると言い出す人はあまりいない。黙って思い悩み、内心深く隠しているのである。

われわれのほとんどは、知力に関して二つの基本的な誤りをおかしている。

① 自分の知力を過小評価しているだけでなく、

② 他人の知力を過大評価しているのである。

この二つの誤りのために、多くの人は、自分自身を安売りしてしまうのだ。何につけ、過大な「知力が必要だ」と思い込んでいるため、せっかくのチャンスをみすみす逃しているのである。

大切なのは知力をどう用いるかだ

大切なのは、どれだけの知力を持っているか、ではなく、持っている知力をどう用いるか、ということだ。知力を導く〝考え方〟のほうがずっと重要なのである。このことは非常に大切なことだから、もう一度繰り返しておこう。――あなたの知力を導く考え方のほうが、どれだけ知力を持っているかということよりもはるかに重要である。

物理学者エドワード・テーラー博士は、あるとき、「お子さんも科学者になさいますか？」と聞かれて、こう答えている。

「科学者になるためには、電光石火のようにすばやく反応する精神も必要でないし、奇跡的ともいえる記憶力も必要でないし、ましてや高い学校教育なども必要ではありません。唯一必要なことは、その子が、科学について強い興味を持っているかどうかなのです」

科学においてさえも、興味や熱意が成功の要因なのだ！

知能指数がたとえ一〇〇しかなくとも、その人が積極的で、しかも楽天的、協力的ならば、成功することも可能だ。知能指数一二〇なのにもかかわらず、消極的で、悲観的、非協力的な人よりもずっと多くの金を手に入れ、尊敬を勝ち得るのである。

事業だろうが仕事だろうが、はたまた雑用だろうが、それを粘りぬいてやり通すことが重要なのだ。いくら知力を持っていても、たとえそれが天才的な知力だとしても、なまけていたのでは何の役にも立たない。物事をやり通す能力こそが、あらゆる成功の九五パーセントを占める能力なのである。

私は、天才的な能力を持ち、学校の成績もたいへん優秀だった人と長年の間じっこんにしていた。この人は、生まれつきとても高い知能を持っていたにもかかわらず、成功しなかった。むしろ失敗の部類に属する人だった。彼は極めて平凡な職についていた（責任ということを非常に恐れていたからだ）。結婚もしなかった（多くの結婚が破局に終るという理由から）。友人もほとんどいなかった（彼は人びとをうんざりさせた）。また、どんな投資もしなかった（金をなくしてしまうかもしれないという不安から）。

こう見てくると、彼はその偉大な知力を、成功を求めることには用いず、ただひたすら、なぜ物事はうまくいかないのかを立証するために用いていたのである。物事を消極的にばかり考えたために、この男は何事をもなし得なかった。大きな成功を勝ち取るべき頭脳は持っていたのだから、態度さえ変えればよかったのだ。しかし、そのように考える力を持っていなかったのである。知力を多く持っていることよりも、それを働かせる考え方のほうがいかに大切なのかをよく覚えておくことだ。

かつて私は、保険会社のセールスマンについて調べたことがある。上位二五パーセントのセールスマンが、総売上げの七五パーセント以上を売り上げているのに、下位二五パーセントの人たちは、わずか全体の五パーセントしか売っていないのはなぜかというものだった。

数千にもおよぶ人たちの人事記録が、注意深くチェックされた。その結果判明したのは、まず、これらの人たちの間に知力の相違はほとんどないということだった。また、教育上の差異もなかった。しかし、態度、言いかえれば考え方は決定的に違っていた。トップグループは、つまらないことにはあまり気にかけず、より多くの熱意を持ち、心から人を好きになるタイプの人ばかりだったのだ。成功、不成功を分けたのは、態度の差だったのである。

ヘンリー・フォードが教えてくれた教訓

知識についてのまちがった考え方も、知力を理由とする弁解癖と深く結びついている。知識は力だという考えがそれだが、この言葉には半面の真理しか含まれていない。知識は潜在的な力にすぎず、それが建設的に用いられるときにのみ力を発揮するだけなのだ。

アインシュタインはあるとき、一マイルは何フィートかとたずねられた。彼は「そんなことは知らないね。どこの参考書を見ても二分間もあればわかることに、なんで私が頭を使わねばならないのか」と答えたと伝えられている。アインシュタインは、知識の倉庫として精神を用いるより、考えるためにその精神を用いるほうがずっと大切だという教訓をたれているのだ。

ヘンリー・フォードにも似たようなエピソードがある。あるときフォードは、シカゴ・トリビューン紙から無学な男と呼ばれてからかわれた。「ではその証拠を出してもらおう」と、フォードは開き直った。するとトリビューン紙は、「ベネディクト・アーノルドとはどんな人か」とか「革命戦争は何年に起こったのか」という質問を浴びせた。簡単な問題なのだが、正規の学校教育をほとんど受けていないフォードにとっては難しい問題だった。すっかり頭にきたフォードは、こう言ったそうだ。

「私にはこのような問題は答えられません。しかし答えられる人間なら五分以内で見つけてこられますよ」

フォードにとっては、雑学など何の意味もなかった。彼もまた、他の一流の事業家たちと同じように、情報を入手する能力こそが大切だということを知っていた。その方法を知る能力は、心を単なる知識の倉庫として使うよりも重要だということをわきまえていたのである。

これらの例を見るまでもなく、大切なのは、何を知っているかではなく、問題を解決できるかどうかであり、アイデアを考え出すことができるかどうかなのだ。

知力を理由とする弁解癖を治す三つの方法

次は、知力を理由とする弁解癖を治すための、三つの簡単な方法である。

(1)　自分自身の知力を決して過小評価しないこと。と同時に、他人の知力を決して過大評価しないこと。あなた自身を安売りしてはいけない。あなたの持っているものに、努力を集中することだ。そして、あなたのすぐれた才能を見つけだすのである。大切なのは、どれだけの頭脳を持っているかではなく、頭脳をいかに用いるかだ。知能指数にあれこれ思いわずらうのではなく、頭脳の活用をはかることだ。

(2)　一日に数回は、知力よりも「いかに考えるか」のほうがはるかに重要であるということを思い出すこと。仕事をしているときだろうが家にいるときだろうが、常に「私はうまくいっているのだ」という積極的な態度をとりなさい。あなたの知力を、失敗を立証するのに用いるのではなく、勝利する方法を見つけるのに用いなさい。

(3)　考える能力は、事実を記憶する能力よりもはるかに大きな価値があるということを覚えておくこと。あなた自身に次のように聞くのである。「私は自分の能力を、歴史をつくるために使っているだろうか、それとも、他人がつくった歴史を単に記録するために使っているのだろうか」と。あなたの精神を、アイデアを創造し、発展させるために用いなさい。

年齢を理由とした弁解

3――「だめです、私は年をとりすぎています（あるいは、若すぎます）」

年齢を理由とする弁解には、二つの形がある。「年をとりすぎている」というのと「若すぎる」というものだ。あなたも、あらゆる年代の人が、自分のだらしなさを弁解するのに、次のように言うのを聞いたことがあるだろう。

「それをやるには、残念ながらもう年をとりすぎています（あるいは、若すぎます）。やりたいことをやろうにも、年齢的にもう無理です」

これは驚くべきことなのだが、実は、今こそ「ちょうどよい年だ」と思っている人は極めて少ないのだ。ほとんどの人が年齢的にもう無理だと考えてしまい、あえて努力してみようとはしない。こうしてせっかくのチャンスをのがしているのである。これは不幸なことだろう。

年齢を理由にした弁解癖の扱い方

年齢を理由とする弁解癖は治すことができる。数年前、私はこの病気を治す妙薬を発見した。それは、私が販売訓練をやっているときのことだった。

この訓練に、セシルという受講生が来ていた。彼は、あるメーカーの代理店をやりたかったのだが、それには年齢的に無理だと考えていた。

「結局私は、ゼロから始めなければならないわけですが、それにはもう年をとりすぎています。

もう四〇歳ですからね」

「あなたは自分で年とったと思っているだけですよ。年とったと思うから、ますます年を食ってしまうんです」と言ってみたが、何の効果もなかった（こう言われると、「でも私は年とったと思います」とむきになる人は多いものだ）。

ある日、講義が終ったあと、私は彼にこう切りだした。

「セシルさん、人間の活動期は何歳から始まるとお考えですか？」

彼は数秒考えていたが、こう答えた。

「そうですね、二〇歳ごろからではないでしょうか」

「では、活動期が終るのは何歳ですか？」

「そうですね、身体の調子がよくて、仕事が好きなら、七〇歳になってもまだまだ大丈夫だと思います」

そこで私はこう言った。

「そのとおり。多くの人は七〇歳になってもまだまだ仕事ができます。そしてあなたは今、人間が活動できる年齢は二〇歳から七〇歳だとおっしゃった。つまり、その期間は五〇年、言いかえれば半世紀あるということですよね。セシルさん、あなたは今年四〇歳です。ならば活動期を何年過ごしたことになりますか？」

「二〇年です」

「では、あと何年残っていますか？」

「三〇年です」

「ということはセシルさん。あなたはまだ、道の半ばにも達していないということですよ。あなたの活動期の四〇パーセントしかまだ使っていないんですよ」

彼は、はたと気がついた。自分にはまだまだたくさんの機会が残されているということを理解した。そして「年齢的にもう無理だ」と考えるのではなく、逆に、「私はまだ若いのだ」と考えるようになった。セシルは、人生では、何歳になったかなど重要なことではない、と気がついたのである。

チャンスをつかむ考え方

私の親類の男もそうだった。彼は、これまでいろいろな仕事をやってきた。販売の仕事もやったし、自営業もやった。挙げ句の果てには銀行勤めまでやったのだが、いつも、自分にはもっと向いている仕事があるだろうと考えていた。そしてとうとう、自分がやりたいのは、牧師の仕事だったのだと気がついた。しかし、それに気がついたときには、すでに年をとりすぎていた。四五歳で、三人の幼い子まであり、そのうえ、お金はほとんどなかったのである。

しかし、彼は勇気をふるい起こして、こう自分に言い聞かせた。「四五歳だろうと何だろうと、おれは絶対に牧師になってみせるぞ」

この固い決心のもとに、彼はヴィスコンシンの五年制の牧師養成所にはいり、五年後には牧師に任命された。

四五歳だった彼は、年をとりすぎていたのだろうか？　そんなことはない。彼にはまだ二五年もの活動期間があったのだ。彼は私にこう言ったものである。

「四五歳のときのあの大決心がなければ、今の私はありません。たぶん、残りの人生は老いさらばえていくだけで、つらい思いをしながら毎日を送ったと思います。それに比べて今は、何をするにも二五年も若返ったような気がしているのです」

「若さ」は不利になるのか

「私は若すぎる」という考えも同じことがいえる。若さは、若者がそう思うときにのみ欠点となるのだ。例えば、有価証券を売るとか、保険を売る仕事は、若い者には難しく、かなりの〝熟練〟が必要だなどと言われる。しかし、投資家の信頼を得るためには、髪に白髪がまじっていなければならないだろうか？　額がはげあがっていなければダメなのか？　そんな考えは明らかにナンセンスだろう。ほんとうに大切なのはそんなことではなく、あなたがどれくらい自分の仕事について知っているかということだ。仕事についてよく知っており、人びとを理解しているならば、それはその仕事に〝習熟〟しているということだ。年齢は能力とは何の関係もないことなのである。にもかかわらず、多くの若者は、自分たちは若さのために損している、若いのは不利だと考えているようだ。しかしそれは、職場でクビにならないかとびくびくしているような連中が、年齢や経験などといったことを持ち出して、あなたの出世をじゃましようとしているだけなのだ。会社でほんとうに実力のある人たちは、そんな目で若者を見はしない。あなたの能力と積極的な態度をどしどし出すことだ。そうすれば、あなたの若さはきっと利点と考えられるはずである。

年齢を理由とした弁解癖の治し方

もう一度簡単に繰り返しておこう。年齢を理由とした弁解癖の療法は、次のとおりである。

(1)　あなたの現在の年齢を、積極面から見ること。「年齢的にもう無理だ」などとは考えず「私はまだ若いのだ」と考えるのだ。前方に新しい未来を見つめていけば、熱意もわいてき、おのずと若さへの自覚も出てくるはずである。

(2)　自分には活動期間がどれだけ残されているかを数えてみること。三〇歳の人なら、まだ八〇パーセントが残されている。五〇歳の人でもまだ四〇パーセントの活動期間が残されている。しかもこの四〇パーセントには、人生における最良のチャンスが含まれている。人生は、人が考えるより、実はもっと長いのである。

(3)　将来の時間は、ほんとうにやりたいと思っていることに投資すること。「何年か前に始めていればよかった」などと考えるのはやめることだ。それは失敗に通じる考え方だからだ。そうではなくて「私はこれから出直そうとしている。私の最良の年はこれからなのだ」と考えることだ。それが成功者の考え方というものだ。

運を理由とした弁解

4――「だが私の場合は違います。私はいつも運が悪いのです」

ある交通技術者の話なのだが、交通事故で毎年四万人以上の人が死亡しているが、偶然の事故などというものはないと言うのである。事故というのは、人間に問題があって起こるか、車の整備不良によるか、あるいはこの両者が結びついて起こるかのいずれかなのである。

この交通技術者の言葉は、「すべてのものには原因がある」ということを物語っている。何事も原因なくしては起こらないのである。

にもかかわらず、毎日のように、うまくいかないことを「運が悪い」せいにする人と出会う。逆に他人の成功を「運のよい」こととしてうらやむ人も大勢いる。

最近私は、ある機械メーカーの営業部長と、〝運〟について話しあったことがある。彼もこの問題には非常に関心を持っていたらしく、自分の経験を語ってくれた。

「つい昨日のことですが、よい例が私の会社に起こりました。夕方四時頃だったのですが、セールスマンの一人が、一一万二〇〇〇ドルもの機械の注文を取って帰ってきました。ジョンというこのセールスマンがそのことを報告するのを、いつも成績のかんばしくない一人のセールスマンが聞いていて、うらやましそうにこう言ったのです。『ジョン君、おめでとう。今度も君は運がよかったね！』」

「しかし、事実はそうではありません。ジョンの大口注文は、運とは何の関係もなかったのです。ジョンはその顧客のことで何か月もかけて努力し続けてきたのでした。会社の一〇人近くもの人と、何回となく会い、最善のプランを作成するために何日も残業しました。そしてわが社の技術者たちの協力を得て、その装置の試作品もつくりました。こういった努力を忍耐強く重ね、緻密な計画を練ったからこそ成功したのです。幸運などとひと言でかたづけられるようなものではなかったのです」

実業界においても、また、法律や技術、販売、その他どんな職業にせよ、トップの地位に昇っていった人は、その仕事に対する姿勢がよかったがために成功したのであり、困難な仕事にも良識を持って立ち向かったからこそ地位を獲得できたのである。

運を理由とした弁解癖を克服する二つの方法

⑴　原因結果の法則を受け入れること。あなたが「運」だと考えることをもう一度よく検討してみることだ。そうすればそこには、運などではなく、きちんとした準備や計画があり、成功を生む考え方があることに気づくだろう。「不運」についても、しっかり検討してみれば、失敗を導いた何らかの理由が見つかるはずだ。成功する人は、一度失敗してもそこから何かを学んだり、何かをつかんだりするものだ。しかし、失敗する人は、失敗から何も学ばないのである。

⑵　もの欲しそうに考えてばかりいないこと。成功を手に入れる楽な方法を夢見るのは、時間を無駄使いするだけだ。成功は、成功を生む原則をマスターすることによってもたらされる。決して幸運によってもたらされるものではない。だから、幸運を当てにしてはならないのだ。そうではなく、あなたを勝利者とする特質を、自分の中に育てあげることに精力を集中すべきである。

第3章

自信を持ちなさい

自信を持って行動すれば、自信のある考えが生まれる

恐怖をうち破る最も簡単な方法

第二次世界大戦の間、海軍では、すべての新兵は水泳ができなければならなかった。海での事故に役立つからだ。水泳のできない新兵は、水泳訓練班に入れられた。私は何回かこの班の訓練を見たことがあるが、健康な若者たちが、そう深くもない水場を恐がっているさまは、そう言っては何だが、滑稽でもあった。その中の訓練の一つに、新しい水兵を、空中に突き出た二メートルほどの高さの板の上から、水中に飛び込ませるのがあった。五、六人の熟練した泳ぎ手が見守るなか、三メートルほどの深さの水中に飛び込むのである。これは、ある意味では、とても悲壮な光景だった。若者たちの恐怖がほんとうのものだったからだ。

しかし、その恐怖は、一度水に飛び込むだけで消し去られた。偶然、ふみ板をはずして下に落ちた若者もいたが、ただそれだけのことで、恐怖は消し去られたのである。

このことは、一つのことを物語っている。それは、行動は恐怖を治療する、ということだ。逆に、優柔不断やぐずぐずしていることは、恐怖を助長するのである。あなたの成功のルール・ブックに、今すぐこれを書きとめておこう。行動は恐怖を治療する、と。

あなたが、何らかの恐怖を感じたなら、それが大きかろうが小さかろうが、とにかくまず自分を落ち着かせなさい。そして、次のように考えるのだ。この恐怖心を克服するにはどんな行動をとったらよいだろうか、と。まず恐怖を隔離し、それから適当な行動をとるのである。

恐怖を治す行動パターン

次にあげたのは、恐怖の型とそれを克服し得ると考えられる行動の実例である。

恐怖の型	行動
(1)　個人的な風采からくる気おくれ	(1)　理髪店か美容院に行きなさい。洗濯し、きちんとプレスした服を着なさい。要するに、よい身なりをすることである。ただし、いつも新しい服を着ていなさいということ

(2) 大切な顧客を失うことへの恐怖
(3) 試験に落ちることへの恐怖
(4) あなたの手に負えないことへの恐怖
(5) 自分ではどうにもならないことへの恐怖。飛行機事故や暴風で死傷するかもしれないといったもの
(6) 他人が言ったりしたりすることへの恐怖

ではない。
(2) よりよいサービスをするために、今の二倍働くこと。何事であれ、顧客の信頼を裏切るようなことは改めなさい。
(3) 悩んでいる時間があれば勉強すること。
(4) あなたの注意を、まったくちがうことに転換すること。裏庭の草むしりをするとか、子供たちと遊ぶとか、映画を見に行くとか。
(5) あなたの注意を、他人の恐怖をなくしてやることに向けること。
(6) あなたがしようとしていることは、正しいことなのだと確信すること。他人から何にも批判されずに、大きなこと、価値あることをなしとげた人はいない。

(7) 投資や家を買うことへの恐怖

(8) 人びとへの恐怖

(7) まず、あらゆる要素を分析し、その上で決定すること。そして、決定したら逆らわないこと。あなた自身の判断を信頼しなさい。

(8) 彼らを正しく見ること。他の人びとも、だいたいあなたと同じであることを忘れないこと。

恐怖を治し、自信を得るためには、次の二段階の手順をとるのである。

(1) まず、恐怖を隔離する。それ以上恐怖を広げず、何を恐れているのかをはっきりさせることである。

(2) それから行動を起こすこと。どんな恐怖にも、それに対する適当な行動がある。ただちに行動すること。ぐずぐずしているのは、恐怖を拡大し、誇張するだけだということを、よく覚えておくことだ。

あなたの記憶から何を引き出せばいいのか

自信をなくしてしまうのは、多くの場合、記憶の処理を誤ってしまったことによって生じる。そして、記憶というのは、銀行の預金みたいなものなのだ。頭脳が銀行で、そこに預けられた考えが記憶となって預金されるのである。あなたは、あなたの記憶銀行から記憶を引き出すのだ。あなたの記憶銀行の出納係はたいへん信頼できる人で、決してあなたに逆らったりはしない。だから例えば、何かを実行しようとするとき、

「出納係君、僕が預金した記憶の中から、僕が他の人より劣っていた点をあげてくれないか」

と言えば、彼はただちにこう答える。

「かしこまりました。あなたは以前にもこのようなことをおやりになって、二回失敗しておられます。覚えておいでですか？……小学六年生のときの先生が、あなたは何事も終りまでやりとげることのできない人だと話していたのを？……あなたの仲間があなたのことについてこんなことを言っていたのを覚えていますか？　また、……」

こうして出納係は、そのことをするのはやめたほうがいいという証明を、あなたの頭脳の中からどんどん掘り出していくのである。

逆に、出納係に次のような要求を出したらどうなるだろう。「出納係君、僕はいま難しい選択を迫られている。僕を安心させてくれるような考えを与えてほしいのだが」

するとと今回も出納係はしっかり答えてくれる。「かしこまりました。以前に同じような情況のもとでも、すばらしい仕事をなさったことを思い出してください。……スミスさんがどんなにあなたを信頼しているのかを思い出してください。……あなたのお友だちはあなたをどんなにほめていたかを思い出してください……」と、以前の預金の中から、成功できるという考えを引き出してくれるのである。

自信をつけるための手順

次にあげたのは、あなたの記憶銀行を管理して、自信をつくるための二つの手順である。

１――記憶銀行には、積極的な考えだけを預金すること

誰でもいろいろ不愉快なことや困ったことに出会うし、がっかりさせられるような情況に陥ったりする。けれども、成功する人としない人とでは、これらの情況に対する処理の仕方がまったくちがうのだ。成功できない人は、不愉快な出来事を心にしまっておく。そして、しまったまま心から解き放つことができないのだ。こうしていつも記憶には悪いスタートをきらせてしまうのである。

これに対して、自信に満ち、成功するような人はそんなことはしない。彼らは、記憶銀行に積極的な考えを預金するのが得意なのだ。

次のようにすることだ。例えば、一人で食事をしているときとか、一人で自動車を運転しているときのように、一人で考えられる時間が持てたなら、愉快で積極的な経験を思い出すのである。あなたの記憶銀行によい考えを預金するのである。こうすることによって自信が生まれていき、「うまくいっている」という感じを持てるようになる。そしてそれがまた、あなたの肉体機能を正しく保つことにもつながるのである。

2——あなたの記憶銀行から積極的な考えだけを引き出すこと

数年前、私はシカゴにある心理コンサルタント会社と協力して仕事をしたことがある。ここではいろんなケースを取り扱っていたが、もっとも多いのは、結婚問題と心理調査だった。両者とも心の問題を扱うのである。

この会社の社長と、環境にどうしても適応できない人に対する指導法について話し合っていたとき、彼は次のように言うのだった。

「たった一つのことさえ彼らがしてくれたら、私のサービスなど必要なくなるんですがね」

「それはどういう意味ですか?」と私は熱心に聞きかえした。

「簡単なことなんですよ。消極的な考えがどんどん大きくなってしまう前に、それを追い出してしまえ、ということです。私が助けようとする人たちは、たいていは、自分の中に自分から進んで〝心の幽霊〟を養ってしまっているんです。たとえば結婚のトラブルの多くは、〝ハネムーン怪物〟のせいだといえます。ハネムーンが期待したほど満足なものではなかったとします。すると、彼らはお互いに何百回となくそのことを非難し、とうとう結婚生活の障害になるまでに大きくしてしまうのです。そしてがまんしきれなくなって私のところに相談にくるのは、それから五年とか一〇年たってからなんですよ」

「もちろん最初は、結婚生活のトラブルの原因がどこにあるのか彼らにはわかりません。ですから、トラブルの源はどこにあるのかを見つけだし、それがつまらないことなのだと説明してわからせてやるのが、私の仕事なのです。人間というものは、どんな不愉快なことからも、また、どんなに偶然の出来事からも、心の怪物をつくってしまいます。仕事上の失策、破れたロマンス、失敗した投資、子供の非行などなど。これらのことが怪物となり、人びとを悲惨な状況に陥し入れるのです」

心に怪物を育てるな

心に怪物をつくってはいけない。そのためには、あなたの記憶銀行から不愉快な考えを引き出すのをやめるのだ。記憶に残すのなら、よい経験だけを記憶にとどめ、悪い部分は忘れてしまうこと。もしも、消極的なことばかり考えていることに気づいたなら、なるべく早くそんな考えを捨てることだ。あなたの心から完全に追い払ってしまえばいいのである。

思い出すのを拒否しさえすれば、不愉快なことを忘れ去るのは意外と簡単なことだ。あなたの記憶銀行から、積極的な考えだけを引き出し、そのほかのものは消してしまいなさい。そうすれば、あなたの自信は急角度で上昇するだろう。消極的で自虐的な思い出を拒否するならば、あなたは恐怖にうち勝つ大きな一歩を踏み出したことになるのだ。

人に対する恐怖心の克服法

人に対する恐怖は、どうすれば克服できるのだろうか。

自分で木工場を経営している友人が、その方法を教えてくれた。

「第二次世界大戦で軍隊に招集されるまで、私は誰に対してもおびえていました。どんなに内気で、どんなに臆病だったことか。今の私からは信じられないかもしれません。周囲の人はみな私より有能だと思っていましたし、自分は生まれながらの失敗者だとも思っていました。肉体的にも精神的にも、その無能ぶりに悩んでいたのです」

「それが、運命のいたずらとでもいうのでしょうか、軍隊に入って、人に対する恐怖感がなくなったのです。一九四二年から四三年にかけて、私はある大きな徴兵事務所で、衛生兵として勤務していました。軍隊が大量の志願兵を徴集していたときでしたので、私は彼らの身体検査の手伝いをしていたのです。そして、この新兵の姿を見ているうちに、人を恐れなくなっていったのです」

「どうしてそうなったのか。新兵たちはみな裸にさせられて整列していたのですが、見ているうちに、みんな同じに見えてきたのです。もちろん、太った者もいればやせた者もいる。ノッポもいれば小さい者もいる。しかし、みな申しあわせたように、とほうにくれ、心細げなのです。そこには、会社で未来を嘱望された者もいたでしょう。あるいは、セールスマンだったり、農業や、工場の労働者だったりしたのでしょう。数日前までは、彼らはいろいろな肩書きを持った人たちだったのです。しかし、徴兵事務所では、みんな一律に新兵で、その点に関しては一様でした」

「私はこの事実に気づいて、ある発見をしました。それは、人間というものは、違っている点よりも、同じ点のほうがずっと多いということでした。つまり、ほかの人たちも多くの点で私と同じだということがわかったのです。彼らは私と同じように、美味しいものを食べたいと思い、私と同じように友人や家族と口論する。私と同じように昇進したいと願っているし、私と同じように何らかの問題をかかえて悩んでいる。また、私と同じように遊ぶことも好きなのです。私と同じなら、何を恐れることがあるのでしょうか？」

まったくそのとおりではないだろうか。基本的にあなたと同じなら、彼らを恐れる理由などないはずだ。

人と上手につき合う二つの方法

次にあげたのは、人と上手につき合うための方法である。

1——ほかの人に対してつり合いのとれた見方をすること

人とつき合うときには、次の二つの点を心にとどめておくことだ。第一は、その人は重要な人であるということ。第二は、しかし同時に、あ、な、た、も、同じように重要なのだ、ということである。だから、人と会うときには「二人の重要な人物が、お互いの利益と関心について話し合うために相会しているのだ」と考えるのである。こういった態度をとることによって、両者の間に均衡が保たれる。

他人は、往々にして、とても大きく、とても重要な人物のように見えるものだが、その人も、基本的にはあなたと同じような関心や欲望や問題を持っているということを忘れないことだ。

2——理解ある態度をとること

数か月前こと、メンヒス・ホテルのデスクで、私はすばらしい出来事に出会った。時刻は五時ちょっと過ぎで、ホテルは新しいお客を受け付けるのに多忙を極めていた。すると、私の前に並んでいた一人の男が、突然、横柄な口調で予約係に名を告げたのである。「R様でございますね。シングルの部屋をおとりしてございます」と、予約係は返事した。すると、「シングルだと? ダブルの部屋を頼んだんだぜ!」とこの男はどなったのである。予約係は「では調べてみますから……」といんぎんに言い、ファイルからその客の予約カードを引き出してこう言った。

「お気の毒ですが、予約はシングルで承っております。空きがございましたら、もちろんこれからでもダブルの部屋をおとりいたしますが、あいにく本日は全部ふさがっているものですから……」

すると男はカンカンになってわめきちらした。

「そんな予約カードが何だっていうんだ。とにかくダブルの部屋を用意しろ。さもないとお前なんか即刻クビにしてしまうぞ。わしを誰だと思っているんだ」

悪口雑言に対して若い予約係は、「お気の毒でございますが、あなた様のご指示どおりにやったまでですので……」と繰り返すほかなかった。すっかり腹を立てたこの男は、とうとう「こんな客扱いの悪いホテルになんか誰が泊まるか」と捨てゼリフを残して飛び出していったのである。

こんなひどいことを言われたのだから、予約係はきっとしょげているだろうと思いながら彼のデスクに近よると、そんな気配はみじんもなく、爽やかな声で私に「いらっしゃいませ」と挨拶するではないか。そこで、部屋をとる手続きをしながら聞いてみた。

「さっきの君の態度はみごとだったね。君は感情のコントロールがとてもうまいようだ」

すると彼は、こう答えたのである。

「ありがとうございます。ごらんになったと思いますが、あの方はほんとうは私に怒っているのではありません。私は身がわりにすぎないのです。あの方は、奥さんともめごとがあったのかもしれませんし、仕事がうまくいかなかったのかもしれません。たぶん私はそんなうっぷんを晴らすための代用品だったのだと思います」

そしてこう続けたのだ。

「心の中ではあの方はとてもいい人かもしれません。多くの人がそうであるように……」

エレベーターへと歩きながら、私は彼の言葉を繰り返し口に出して言ってみた。

「心の中ではあの方はとてもいい人かもしれません。多くの人がそうであるように……」

誰かが突っかかってきたなら、この短い言葉を思い出してみることだ。そして心の火を鎮めることだ。相手に言いたいことを言わせておこう。それからそれを忘れてしまうのである。

自信を持つためのちょっとした行動

「自信のある考えを持つためには、自信のある行動をせよ」

この言葉が、あなたの心にしみ込むまで繰り返し唱えなさい。

偉大な心理学者ジョージ・W・クレーン博士は、その著『応用心理学』の中で次のように言っている。

「動作は感情に先立つということをよく覚えておいていただきたい。あなたは感情を直接コントロールすることはできない。しかし、何らかの動作をすることによってはコントロールできるのである。……毎日正しい動作を行なえば、やがてそれに対応する正しい感情がわいてくるはずだ！　ガールフレンドとデートやキスといった動作を繰り返したり、愛の言葉をひんぱんに交わしていれば、愛や感情もおのずと育成されてくるのである」

あなたがほほえみをうかべれば、心にもほほえみを感じる。身をかがめて歩くのではなく、胸を張って堂々と歩けば、毅然とした自分を感じることができる。逆に、しかめっ面をしていれば、心も何となく面白くなく感じる。ならば、動作や行動を変えてみれば、気持ちも変わってくるということだ。

自分をアピールするのは苦手だと感じているのなら、次のことをやってみよう。まず、相手の手に自分の手をのばし、それを温かく握りしめる。第二に、相手をじっと見つめる。そして第三に、「お近づきになれてこんなにうれしいことはありません」と言うのである。この三つの簡単な行動をするだけで、内気や臆病はふっ飛び、自信が生まれてくるのである。

自信をつくる五つの行動

だから、自信ある考えを持つためには、自信ある行動をすることである。次にあげたのは自信をつけるための五つの行動だ。これを実行すれば、あなたは必ず自信に満ちた人間になれるはずである。

1——前に座るように心がけること

どんな集まりでも、席は後ろのほうからふさがっていくのは、あなたも気づいていることだろう。それは、「あまり目立ちたくない」人が多いからだ。しかし目立つのを恐れるのは、自分に自信がないからだろう。前に座ることは、自信をつけることになるのだ。今日このときから、できるだけ前に座るようにしたまえ。集会で前に座るのは目立つだろう。しかし、目立たないで成功することはできないということを忘れないでほしい。

2——じっと目を見る習慣をつけること

相手の目を避けても、何もいいことはない。それは、「私はあなたを恐れている。私は自信がない」と相手に告げているようなものなのだ。だから、じっと相手の目を見て話すことによって、それらの恐怖を克服しなさい。相手の目をまともに見ることは、相手に「私は正直ですし、隠しだてはしていません。私は本当のことしか言っていません。私はあなたを恐れてはいません。私は自信を持っています」と告げることなのだ。

相手の目にぴったりと焦点をあわせることだ。それはあなたに自信を与えてくれる。

3——二五パーセント速く歩くこと

心理学者は、だらしない態度や緩慢な歩き方は、仕事や周囲の人びとや自分自身に対する不満からくるものとしている。しかし心理学者はまた、動作のスピードを変えれば、自分の態度を変えることができるとも言っている。実際、よく観察してみると、肉体の動きは心の動きによるものであることがよくわかるはずだ。

極度に打ちのめされた人は、足をひきずり、よろめきながら歩く。彼らには自信というものは爪の垢ほどもない。普通の人たちは「普通の」歩き方をする。彼らはまるで「私は人に誇れるようなものは、あまり持っていません」といったような態度なのだ。

これらに対して第三番目のグループの人たちは、特に自信を外にあらわして歩く。普通の人たちよりも速く、まるで短距離競走をしているような歩き方なのだ。その歩き方は次のように言っているようだ。「私はこれから大事な場所に行かなければならない。私にはしなければならない大切な仕事がある。おそらくそれは一五分以内に成功するだろう」

自信をつけるために、この二五パーセント速く歩くテクニックを実行しなさい。肩を引き、頭を高くあげ、普通の人よりすこし速く歩いてごらんなさい。そうすれば、自信がしだいに大きくふくらんでくるのがわかるだろう。

4――すすんで話すこと

生まれながらの能力や鋭い知性を持ちながら、討論に加わるのを怖がる人がいる。たとえ討論に参加できてもうまくいかなかったりするのだ。それは、彼らにその能力がないのではなく、問題はむしろ自信の欠如にあるのである。

会議で黙りこんでいる人は、だいたいこんなふうに考えている。「私の意見などたぶん役に立たないだろう。何か言ったら、おそらく恥をかくに違いない。ならば何も言わないに越したことはない。しかも、ここに出席している連中は、私なんかよりずっと博識に見える。自分の馬鹿さかげんを、人には見せたくないものだ」と。こうして黙り屋になってしまうのだ。黙り屋は、たまに発言するが、慣れないためそのたびに失敗してしまう。こうしてどんどん自信をなくしてしまうのだ。悪循環である。

しかし逆に言えば、すすんで話せば話すほど、自信が増し、話すことも上手になるということだ。すすんで話すことだ。これこそ自信を植えつけるビタミン剤なのである。どんな集会でも、ビジネスの会議、委員会、町会など、集会と名のつく場ではすすんで何かを発言することだ。意見を言い、質問し、場合によっては批判するのだ。それが自信を育てていくのである。

5――大きくほほえむこと

ほほえみが人に自信を与えるということは、誰しもどこかで聞いたことがあるはずだ。ほほえみは自信不足に対する特効薬なのである。しかし多くの人はこのことを信じてはいない。だから恐怖を感じても、ほほえもうとはしないのだ。大きなほほえみは、恐怖を取り去り、悩みを解消させ、意気消沈をうち砕いてくれるのだ。それどころか、ほんとうのほほえみは、他人の心を溶かす役も果たしてくれる。それも即座に。あなたが、大きな、心からのほほえみを送るならば、どんな人でも、そのことだけで、あなたに対する怒りを静めてくれるだろう。

大きくほほえみなさい。そうすれば、心から「今日も幸せだ」と感じるはずだ。中途半端では役に立たない。大きなほほえみこそが大切なのだ。こう言うと「でも、何かを恐れているときや怒っているときに、ほほえむ気になどなれるでしょうか」と反論することだろう。

たしかに、そのままではできないと思う。ちょっとした手品が必要なのだ。それは、「私はこれからほほえむのだ」と自分自身に力を込めて言い聞かせるのである。そして、おもむろにほほえむのだ。

ほほえみの力を利用しなさい。

次の四つの手順を活用せよ

(1)　行動は恐怖を治療する。恐怖を隔離し、それから建設的な行動をとりなさい。情況に対して手をこまねいていて、何ら行動しないことは、かえって恐怖を強め、自信を失わせるもとになる。

(2) あなたの記憶銀行に積極的な考えだけをつめ込むようにすること。消極的な考えを記憶の怪物に成長させてはならない。不愉快な出来事などは、思い出すのを拒否することだ。

(3) 人間は、違う面よりも似ている面のほうがずっと多いことを覚えておきなさい。ほかの人に対してつり合いのとれた見方をしなさい。彼もまた同じ人間なのだから。そして、理解ある態度をとることである。吠える人は多いが、嚙みつく人はめったにいないのだ。

(4) あなたに関するすべてのものに対して「私は自信がある。ほんとうに自信があるのだ」と語りかけるようにしなさい。日常活動の中で、次の小さなテクニックを用いなさい。

① 前に座るように心がけること。
② じっと目を見つめる習慣をつけること。
③ 二五パーセント速く歩くこと。
④ すすんで話すこと。
⑤ 大きくほほえむこと。

第4章 大きく考えなさい

自分を過小評価せず、自信を持って積極的に考えよ

小さく考える若者たち

ある大きなメーカーの人事担当者の話である。彼は、毎年四か月間、各地の大学を訪問して歩いていた。新卒の学生を募集するためだ。

「毎日、私は八人から一二人の卒業予定の学生に面接しました。皆、成績は上位三分の一に入るような学生で、わが社に入社することにある程度の関心は持っていました。面接でわれわれが見たいと思ったことの一つはやる気です。その学生が、数年のあいだに大きな仕事を指揮するようになれるかどうか、支店や工場を管理するといったような会社の重要なポストに就けるかどうかを見極めたいと思っていました」

「しかし、打ち明けて申しますと、彼らが抱いている考えが、私にはどうしても納得できないんです。二二歳の前途ある若者の最大の関心が、会社の退職金規程だなんて、私でなくともびっくりだと思いますよ。さらに、二番目に多いのが『転勤は多いですか？』という質問です。彼らはどうも、成功と安定とは同義語だと考えているようなのです。このような連中にわが社の将来をまかせる気になど、どうしてもなれないのです。科学や産業が発達している現在、チャンスは無限と言えるほどに広がっています。なのになぜ、若い人たちは超保守的で、未来を見る目が狭いのか、私にはどうしても理解できません」

成功を測るモノサシ

成功というのは、大学卒の肩書きや家柄などで決まるものではない。それは、彼らの考え方が大きいか小さいかによって決まるのである。どれだけ大きく考えることができるかというのが、業績の規模を決めるのだ。では、どのようにしたらわれわれの考えを大きくすることができるのかを検討してみよう。

あなたは自分の何を知っているのか

ジョンは新聞で社員募集の広告を見た。それはまさしく彼が望んでいた就職口だ。しかし彼は何もせずにそれを見送ってしまった。「自分はその職にふさわしくない。今さらじたばたしたってはじまらないさ」と考えてしまったのだ。あるいは、ジムはメリーとデートしたいと思っている。けれども電話もかけない。自分は彼女にはふさわしくないと考えてしまったからだ。トムは、リチャード氏が彼の商品にうってつけの客だと感じる。しかしトムはリチャード氏の家を訪問しようとはしない。リチャード氏は大物すぎて、どうせ会ってくれないだろうと考えるからだ。ベートは就職志望用紙に必要事項を書き入れている。その中に「初任給はいくらぐらいを望みますか」という質問があった。ベートはごく控え目な数字を書き込んだ。ほしいと思う金額には値しない男だと思ったからだ。……

――などなど、自分を過小評価する例は限りなく続く。

紀元前にある哲学者が〝汝自身を知れ〟というすばらしいアドバイスをしてくれているが、ほとんどの人たちはこの忠告を、どうも〝汝自身の消極面だけを知れ〟という意味に解釈しているようだ。そのため彼らの自己評価は、欠点や欠陥、不適格などを延々とリストアップすることになってしまうのだ。たしかに、自分の欠点を知ることは悪いことではない。そのことによって、改善すべき点はどこにあるかを知ることができるからだ。しかし、自分の消極的な特徴だけしか知らないとしたら、それは地獄にいるようなものだろう。自分の価値はどんどん小さくなっていくだけである。

自分のほんとうの大きさを測る方法

次のことを実行すれば、あなたのほんとうの大きさを測ることができる。会社幹部やセールスマンの訓練にこれを使ってきたが、なかなか効果のあるやり方なのだ。

⑴　あなたの主要な長所を五つあげてみる。客観的に物事を見てくれる人——それは奥さんでもいいし、上役でも先生でもかまわない——とにかく、あなたに正直な意見を言ってくれる人に協力してもらうといい（よくあげられる長所としては、例えば、教育、経験、身につけた技術、外見、家庭がうまくいっていること、態度、人柄、創意性などがある）。

⑵　次に、それぞれの長所の下に、大きな成功を収めてはいるが、あなたほどにはこのような長所を持っていない人の名前を三人書きこむ。

やってみると、たぶん少なくとも一つの長所においては、成功した人びとに勝っていることがわかるだろう。このことによって導き出される結論はただ一つ。あなたは、あなたが考えているよりも大きいのだ。ならば、あなたの考えを、あなたのほんとうの大きさに合わせればいい。あなたがほんとうにそうであるくらい大きく考えることだ！

断じて、自分自身を過小評価してはならない！

言葉や言い回しで相手の考えは変えられる

「丈夫な」と言えば通じるのに「堅牢無比」と言ってみたり、「まじめな」でいいのに「謹厳廉直」と言ったりする人がいる。即座には理解しかねるような難しい言葉を使う人や大げさな言い回しをする人は、高圧的でもったいぶった人間に多く見られる。そして、このようなもったいぶった人間というのは、物事を小さく考える傾向があるのだ。

　言葉や言い回しの重要性は、言葉を多く知っているとか、大げさな表現をするということで決まるものではない。大切なことは、その言葉が相手の考え方に及ぼす効果はどうなのかということだ。

　一つ、非常に基本的なことを覚えておいてほしい。それは、われわれは言葉や言い回しで考えるのではなく、絵やイメージ（あるいはこの両方）で考える、ということだ。例えば誰かが「ジムは新しい二階建ての家を買った」と言えば、あなたはそういった家をイメージするだろう。だが「ジムは新しい小屋を建てた」と聞けば、それとは違った別のイメージを描くはずだ。言葉は考えの素材にすぎない。言葉や言い回しは、自動的に心の絵に置き替えられるのである。そして、あなたがつくり出すその絵によって、相手の反応は限定されてくるのである。

「残念ですがわれわれは失敗したと言わざるを得ません」とあなたが言ったとしよう。すると、これを聞いた人たちはどんな絵を見ることになるだろう？　彼らはあなたの敗北した姿を見、

「失敗した」という言葉によって連想される失望や悲嘆の状態を思い浮かべるだろう。しかし、同じことを「まだ発見できないけれども、ここにはきっと新しいやり方があるはずです」と言ったとしよう。彼らは再び勇気づけられ、やる気が起きるのを感じるにちがいない。あるいはまた、「われわれは今、難しい問題に直面している」と言えば、相手は心の中に、解決することのできない難しい状態の絵や不愉快な絵をつくり出してしまう。そうではなく、「われわれは今、チャレンジ（挑戦）に直面している」と言ったとしよう。するとそれは、愉快な、何か楽しくなるような、スポーツめいた絵をつくりあげているのである。

大きく考える言い方、小さく考えてしまう言い回し

この問題のポイントは次の点にある。つまり、大きく考える人というのは、自分自身にはもちろん、相手の心にも積極的で、前向きで、楽天的な絵をつくる名人であるということだ。大きく考えるためには、大きくて積極的な心像を生むような言葉や言い回しをしなければならないのである。

次の表に、消極的で気がめいるような言い回しと、積極的な言い方とをあげておいた。これを読み、「いったい私はどのような心の絵を見るだろう？」と自問してみることだ。

小さくて消極的な心像をつくる言い回し

(1)　それは役に立ちません。私たちは負けたのです。

(2)　私も一度その事業をやってみて失敗した。もうこりごりだ。

(3)　努力はしたのですが、その製品は売れませんでした。誰もそれをほしがらないのです。

(4)　私があなたの会社のトップになれるのに五年もかかるなんて長すぎます。とても待ってはいられません。

(5)　私はその仕事をするには若すぎます（年をとりすぎています）。

(6)　それはだめです。そのことを証明して

大きくて積極的な心像をつくる言い回し

(1)　われわれはまだ負けていない。もっと頑張ってみよう。ここに新しい見方がある。

(2)　私は失敗したが、これは私がまちがっていたせいではない。もう一度やってみようではないか。

(3)　なるほど私は売ることができませんでしたが、私にはこの製品がすぐれていることがわかります。買手を見つける方法を何とか発見しようと努力中です。

(4)　五年間など実際にはそれほど長い歳月ではありません。私はあと三〇年も仕事をすることができるのですから。

(5)　若い（年をとっている）ということは、明らかな利点です。

(6)　それはおおいに役に立ちます。ひとつや

みせましょう。

(イメージ＝暗い、陰気、失望、嘆き、失敗)

ってみましょう。

(イメージ＝明るい、希望、成功、喜び、勝利)

大きく考える人の言い回しを身につける四つの方法

(1) どう感じているかを説明するときには、大きく、積極的で、元気のよい言葉や言い回しを用いること

誰かに「今日はご気分いかがですか？」と聞かれて、「どうも気分がすぐれません」と答えてごらんなさい。ほんとうに気分が悪くなってしまう。だから次のように言うことだ。「おかげですばらしい気分です」と。あるいは、「大きい」とか「けっこうな」といった言葉を使うのである。

あらゆる機会にこういった言葉を口にすると、何か大きく感じはじめるだろう。いつも大きく感じている人だと言われるようになれば、友だちも得られるのである。

(2) 他人のことを説明するときは、明るい、元気のよい、好意的な言葉や言い回しを用いること

どんな友人や同僚について話すときも、大きくて積極的な言葉を使うことを原則とすること

である。「彼はほんとうにすばらしい人だ」と相手をほめるのだ。彼を小さく見せるような表現をすれば、それはあなたを小さく見せるだけなのだ。

⑶　人を元気づけるときには、積極的な言葉を使うこと

誰もが、ほめ言葉を望んでいるのだ。妻や夫に対しては、毎日特別すばらしい言葉を用意しておきなさい。いっしょに働いている人なら、彼らを認め、ほめてあげることだ。心からほめてあげることは、やがて成功するための道具になる。それを用いることだ。しかも、繰り返し、繰り返しほめるのだ。彼らの外見、仕事、業績、家族、何でもいい。機会あるごとに、人をほめてあげなさい。

⑷　計画を人に説明するときには、積極的な言葉を使うこと

「よいニュースがある。われわれはほんとうのチャンスにめぐり会った」というような言葉を聞けば、人の心は生き生きとしてくるだろう。逆に「うまくいくかどうかわかりませんが、こんな計画があるのですが……」と言えば、聞いた人はうんざりしてしまう。勝利を約束すれば、相手の目も輝く。勝利を約束すれば、支持も得られる。城を築くことだ！　墓を掘ってはいけない！

どうなっているかではなく、何ができるかを見なさい

大きく考える人は、どうなっているかではなく、何ができるかを見るものである。いくつかの例で、そのことを説明してみよう。

1――お客にはどれだけの価値があるのか？

あるデパートの重役が、商品担当主任の会議で次のようなことを述べている。

「私はいささか古風な人間なのかもしれませんが、お客様にまた店に来てもらうためには、心からの、丁重なサービスが大切だと考えています。ある日、店の中を歩いていると、ある店員がお客様と口論していました。そして、お客様はたいへん腹を立てて帰ってしまったのです。そのときその店員は同僚にこう言っていました。『たった一ドル九八セントの客に忙しい時間をさく価値などありませんよ』と」

「その場は黙って立ち去りましたが、自分の部屋にもどっても、この出来事が頭から離れません。うちの店員がお客様のことを一ドル九八セントの価値しかないと考えたのは、大きな問題なのではないかと思ったのです。そこで私は、調査部長を呼んで、去年一年間で一人のお客様が平均どれくらいのお金をうちの店で使ったのかを調べさせました。彼の計算によると、なん

と一人平均三六二ドルものお金を使っていたのです」

「次に私がしたことは、管理職全員を集めて、この事実を説明することでした。一人のお客様が実際にはどれだけの買い物をし、どれだけの価値があるのかを示したのです。お客様というのは一日の買い物で測られるべきものではなく、年間を通して考えなければならないとわかってから、私の店ではお客様に対するサービスががらりと変わったのです」

　お客に大きな価値を置くことは、彼らを大きな常客にすることなのだ。逆に、お客に小さな価値しか認めなければ、彼らは他の店に行ってしまうのである。

2――あなたにどれだけの価値があるかを決めるのは何か？

数週間前のこと、ある講習会が終ったあとで、一人の青年が私に会いに来ました。二六歳になるこの青年は、幼い頃にいろいろな不幸を経験していました。しかし今では、充実した未来のために真剣に努力を重ねているのでした。

「私は銀行に勤めていますが、二〇〇〇ドルたらずの収入しかありません。計算係をしていますが、この仕事で高い給料をもらうのは無理ですし、大きな責任を負っているわけでもないからです。ですから、買って四年もたつ中古車に乗っていますし、家内とは狭苦しい二階建てのアパートに住んでいます。しかし先生、私はこのままで満足だとはこれっぽっちも思っていません」

「それはこういうことです。最近私は多くの人を分析した結果、次のことに気づいたんです。それは、人間というのは、現在ある自分を見るのでせいいっぱいで、未来は見ていないということです。ただ情けない現在を見ているだけなのです。これでは大きくなれません。私の隣人がいい例です。彼は、自分の収入が低いこととか、医者の支払いがたまって仕方がないとか、そんなことばかりこぼしています。そして、自分をますますつまらなくしているのです。まるで、あのむさ苦しいアパートで残りの人生を送るようにと宣告されたかのような生活態度なんです」

「もし私が、彼と同じように、ボロ自動車やわずかな収入、安アパート、まずい食事といったような現在あるものだけを見るならば、それは落胆するより他に手はないかもしれません。残りの人生についても何の望みもないでしょうし、いま以上の人間にもならないでしょう。しかし私は、そのような見方ではなく、私がなりたいと思う人物として自分を見るように決心をしたのです。計算係としてではなく、銀行の幹部として自分を見ます。安アパートなどは見ません。郊外の立派な新築の家を見ます。このようにして自分を見ていくと、自分自身がより大きく感じ、大きな考え方を持てるようになるのです」

大切なのは、今持っているものなのではなく、すばらしいものを手に入れる計画を、いかにうまく進めていくのかということだ。

何ができるかを見つける方法

次にあげるのは、何ができるかを見つける方法である。私はこれを「価値をつけ加える」練習と呼んでいる。

(1)　物事に価値をつけ加えなさい。「私はこの部屋、この家、あるいはこの事業に〝価値をつけ加える〟ために何ができるだろうか?」と問うのだ。もっと価値あるものにするためのアイデアを捜しなさい。

(2)　人びとに価値をつけ加えなさい。成功すればするほど、「人間開発」が大切な仕事になってくる。だから例えば「私の部下に〝価値をつけ加える〟ためには、何ができるだろうか? 彼らがよりよい仕事をするためにはどんな手助けができるのだろうか?」と問うのである。よいところを引き出すためには、その人の最もよいところを心に描かなければならないということを忘れてはいけない。

(3)　あなた自身に価値をつけ加えなさい。自分自身と向かい合い、「今より価値ある自分になるためには、何をすればいいだろうか?」と問うことだ。現在の姿を心に描くのではなく、こうなれるという姿を思い描くのだ。そうすれば、方法は自然と心に浮かんでくるはずだ。

会社の利益を自分の利益と考える

「私は割りあてられた仕事をきちんとやっているのだから、これでいいのだ」というような態度は、気持ちが小さく、消極的な態度だ。大きく考える人は、自分をチーム全体の一員として考える。チームと運命をともにしようとするのだ。このような人は、そこに直接的な利得がなくても、でき得ることをあらゆる方法で手伝おうとする。

会社の利益を自分の利益と同じだと思いなさい。大きく考える人になることだ。少数ながらこのような人だけが、結局は大きく報われることになるのである。

逆に、せっかく能力を持っていながら、とるにたりない、小さな、ささいなことにとらわれたために、成功への道をふさがれた例も多い。いくつか例をあげてみよう。

いさかいをなくす魔法の問い

ジョンはすこし疲れ、いらいらして家に帰ってきた。そして、夕食がたいして美味しくもなかったので、彼はたちまち機嫌を悪くして文句を言った。メアリーもその日は虫のいどころがあまりよくなかったので、「これっぽっちの食費で、いったいどんな料理ができると思うの！」とか、「よそのうちのように新型のオーブンでもあれば、もっと美味しくつくれるのよ！」と言って反撃した。

これらの言葉がジョンのプライドをひどく傷つけた。「なんだと！　お金なんかのせいじゃなく、お前のつくり方が悪いんだ！」とジョンはどなり返したのである。

こうして喧嘩はどんどんエスカレートしてき、休戦ラッパが鳴るまでには、ありとあらゆる悪口雑言をお互いにあびせることになってしまう。そして胸には喧嘩のしこりが残り、これが次の喧嘩の火種となっていくのである。

このような例を見るまでもなく、喧嘩というのは、ささいな、とるにたりないことから起こるものなのだ。とすれば、いさかいをなくすには、まずこのくだらない考えをなくすことだろう。

そのためには、次の方法はたいへん効果がある。

相手を非難したり、責めたりする前に「ほんとうに意味のあることなんだろうか？」と自分自身に問いかけてみるのである。たいていの場合、それは意味のあることではない。そして、それに気づけば争いを避けることができる。煙草の灰を散らかしたとか、歯磨のチューブに蓋をしなかったとか、家に帰るのが遅かった、わずかな金を浪費した、好きでもない連中を招待した、などなど、腹が立ったら「それはほんとうに意味のあることなんだろうか」と考えてみるのだ。すると、この質問が家庭を築くのに魔法の役目をすることがわかるだろう。

ハンディキャップもたいした問題ではないという実例

ある会社の営業部長などは、たとえ話し方にハンディキャップを持っていても、販売にとってはたいした問題ではないと言っている。

「私には、他社で同じように営業部長をしている友人がいます。数か月前のことですが、ある青年がこの友人のところを訪ね、自分をセールスマンとして雇ってくれないか、と頼んだそうです。この青年は話し方にハンディキャップを持っていました。私の友人は冗談好きな男だったため、私をちょっとからかってやろうと思いついたそうです。そこで彼はこの青年に、自分の会社には現在あきはないが、友人（すなわち私）のところで募集していたはずだから、一度訪ねてみたらどうかとすすめたのです」

「三〇分後に青年はやってきました。一分もしないうちに、友人の魂胆がわかりました。青年は『わ、わ、わたしはジャ、ジャックです。〇〇さんが私を、あ、あ、あなたに会ってお、お、お話しするようにと、こ、こ、ここによこしました』とほとんど一語一語が四苦八苦の体で話します。私は心の中でこう思いました。『この男だったら、一ドル札を九〇セントで売ることもできないだろう』と。こんな男を推薦してよこした友人に腹を立てましたが、青年に悪いと思ったので、一応、質問だけはして、何か適当な理由をつけて断ろうと決めました」

「ところが、話しているうちにこの青年には知性があり、態度も非常にいいことに気づきました。それでもなお、ハンディがあることは気になっていましたから、面接を切りあげようと、最後の質問をしてみました。『ところで君は、どんな理由で営業ができると思うのですか？』と」

「すると彼はこう答えたのです。『はい、わたしはお、お、おぼえは早いほうですし、だ、だ、だいいち、人間が好きだからです。わ、わ、わたしはこの会社はよい会社だと思いますし、わ、わ、わたしは、お、お、お金が欲しいのです。わ、わ、わたしは、話はうまくできませんが、そ、そ、それをわたしはあまり気にしていません。ですから、ほかの人も、き、き、きにならないと思います』」

「彼の答には、セールスマンにとってほんとうに重要な要素が全部入っていました。そこで私は、彼にチャンスを与えてやることにしました。ご承知のように、彼は今ではたいへんいい成績をあげているんですよ」

ささいなことにわずらわされない考え方

次の三つの手順は、ささいなことを超越して考えるのには役立つはずである。だからこれを実行してみることだ。

1――あなたの目を大きな目標に合わせること

販売においては、大目標は注文を取ることであって、お客との議論に勝つことではない。結婚においては、大目標は、幸福、平穏、平和であって、喧嘩をすることではない。社員と仕事をする場合、大目標は彼らの全能力を発揮させることであって、彼らの小さな失敗をあげつらうことではない。

あなたの目を大きな目標に合わせるのだ。

2——それは「ほんとうに重要なことなんだろうか?」と聞くこと

悪いほうにエキサイトする前に、「エキサイトすることが私にとってほんとうに重要なことだろうか?」と自分自身に問いかけてみることだ。問題が生じたとき、「それはほんとうに意味のあることだろうか?」と問い、対処するならば、喧嘩や不和の少なくとも九〇パーセントは避けることができるだろう。

3——つまらぬことの落とし穴に落ちこまないこと

スピーチをする場合も、問題を解決する場合も、社員の相談にのる場合も、ほんとうに重要なことだけを考えなさい。表面だけの争点に目をくらまされてはいけない。

あなたの考え方の大きさを測るテスト

次の表は、小さく考える人と大きく考える人が、ある情況をどう見るのかを比較したものだ。チェックしてみて、自分は小さく考える人になるのか、大きく考える人になるのかを考えなさい。

(1) 情況	(2) 小さく考える人のやり方	(3) 大きく考える人のやり方
会話	(1) 友人、経済、自分の会社、競争などの消極的特質について話す。	(1) 友人、会社、競争などの積極的特質について話す。
進歩	(2) 縮小か、せいぜい現状維持を信じている。	(2) 発展を信じている。
未来	(3) 未来は限られていると見る。	(3) 未来は非常に有望だと見る。
仕事	(4) なるべく仕事を避けようとする	(4) 自分から捜し出して仕事をしようとする。とくにほかの人を助けようとする。

競争	(5) 普通の人を競争相手に選ぶ。	(5) 最高の人を競争相手に選ぶ。
家計	(6) 必要なものも買わないですますことによってお金を節約しようとする。	(6) 収入をふやす方法を考え出し、必要なものをもっと買おうとする。
目標	(7) 目標を低いところに置く。	(7) 目標を高いところに置く。
ビジョン	(8) 短期しか見ない。	(8) 長期的に物事を考える。
交友	(9) 小さく考える人としかつき合わない。	(9) 大きくて、進歩的な考えを持っている人とつき合う。
失敗	(10) 小さな失敗でも大きくしてしまう。	(10) あまり重要でない失敗は無視する。

大きく考えるために忘れてはならないこと

(1) 自分を過小評価しないこと。自己軽視をやめなさい。あなたの資質に精神を集中しなさい。あなたは自分が考えているよりもずっと優秀なのだ。

(2) 大きく考える人に特有の言い回しをすること。大きくて、明るくて、元気のよい言葉を使いなさい。勝利、希望、幸福、満足を約束する言葉を使いなさい。失敗、敗北、悲しみなどの不愉快なイメージをつくりだす言葉は避けること。

(3) あなたのビジョンを伸ばすこと。どうなっているかではなく、どうなりうるかを考えなさい。物事や人びと、また、あなた自身に価値をつけ加えてみなさい。

(4) あなたの仕事について大きな視野を持つこと。あなたの現在の仕事の重要性をまじめに考えなさい。今後の昇進は、あなたの現在の仕事をあなたがどう考えているかにかかっているのだ。

(5) ささいなことにこだわらないこと。あなたの注意を大きな目標に向けなさい。小さなことにまき込まれる前に、「それはほんとうに重要なことだろうか？」と自分自身に問いかけなさい。

大きく考えることによって
大きく伸びよ！

第5章 創造的に考えなさい

信念は創造力を解放し、はばたかせてくれる

創造的思考とは何か

経済的に恵まれなくても、息子を有名大学に進学させる方法を考え出したとする。これは立派な創造的思考だ。ある牧師が、日曜日の夕べのお祈りに集まる人数を倍にするプランを編み出した。これも立派な創造的思考だ。そのほか、作業効率を高めるシステムを考え出したり、文句ばかりつけるお客に商品を売り込む方法を考え出したり、あるいはまた、社員のモラールを高める方法を考え出したりすること。これらはすべて、創造的思考のなせる業なのである。

なにも、科学や技術、創作だけが創造的思考を必要としているわけではない。

創造的思考とは、何か新しい方法や改善の方法を見つけだすことなのだ。そして、職場であ

れ、家庭であれ、あらゆる成功の鍵は、この〝物事をよりよくする方法〟を見つけだすかどうかにかかっているのである。

では、その方法を見つけだす力、つまり、創造的思考を開発し強化するためにはどうすればいいかを考えてみよう。

創造的思考を開発するための第一歩

その第一歩は、それをすることができると信じることである。

私は講習会で受講者にときどき次のような質問をする。

「この中に、これから三〇年の間に刑務所を廃止することができると思う人は、何人いるでしょうね？」

受講者は聞きまちがえたのではないかとまごついて、たいていは寝言でも聞かされているのではないかといった顔をする。そこで、ちょっと間をおいて、私はもう一度繰り返す。「三〇年の間に刑務所を廃止できると思う人はいませんか？」

私の質問が冗談ではないことがわかると受講者たちは、口ぐちに次のような発言をするようになる。

「先生はあの人殺しや窃盗犯たちを全部釈放してしまおうとおっしゃるんですか？　そんなこ

とをしたら、世の中、どうなってしまうんです。刑務所をなくすなんて考えられませんよ」

「刑務所がなくなったら、秩序はめちゃくちゃになってしまうでしょう」

「人間の中にはもともと犯罪者に生まれついている者もいるんですよ」

「今朝の新聞で例の殺人事件のことをお読みになりましたか？」

などなどだ。なかには、警察官や刑務官を失業させないためにも、刑務所は必要だという者までいた。このようにして、一〇分間ほど意見を出してもらったあとで、彼らにこう言うのである。

「これまで皆さんは、なぜ刑務所を廃止できないかという観点から議論してこられました。意見も出つくしたようですので、どうです、ここらへんで、今度は刑務所は廃止することができる、という観点から数分間議論してみませんか？　廃止できると仮定して、では、どうすればそれができるのかということです」

最初のうちはなかなか意見が出なかったが、そのうち、しだいに活発に意見が出てくる。

「そうですね、少年センターをもっとたくさんつくれば、刑務所をなくすことができるかもしれません」

「貧困をなくすことです。犯罪者の多くは貧困家庭から生まれるのですから」

「彼らが犯罪をおかす前に、潜在的犯罪者を捜し出すことです」

「ある種の犯罪者を矯正することができる外科手術を開発したらいい」

この実験で明らかになったのは次の点である。

あなたが信ずるなら、あなたの精神は、それを実現する方法を見つけだすのである。

信念は創造力を解放する

自分ならできると信じることは、創造的解決への道を開く第一歩である。逆に、自分ではできないと信じることは、破壊的な考え方である。これはどんな状況にも言えることである。

あなたがそれをできると信じれば、あなたは人を好きになる方法を発見することができる。

あなたがそれをできると信じれば、あなたは問題の解決策を見つけることができる。

あなたがそれをできると信じれば、あなたは新しい家を買う方法を見つけ出せる。

信念は創造力を解放し、はばたかせてくれる。しかし、不信はブレーキの役目しかしないのだ。信じなさい。そうすれば、あなたはあらゆる面で建設的に考えはじめるだろう。

創造力を開発する二つの方法

次の二つの方法は、創造力を開発するのに役立つはずだ。

⑴　あなたの考え方や発言から、不可能という言葉を排除しなさい。不可能、できない、は

失敗の言葉だからだ。

(2) したいと思っているのにできないのなら、できる理由をリストアップしなさい。多くの場合、できないという理由に精神が集中しているため、結局はできないでいるからだ。

保守的、伝統的な考え方を打破する

保守的、伝統的な考え方をする人は、こう考える。「一〇〇年間もこのやり方でやってきたのだ。だからそれはいいにちがいない。なぜ危険をおかしてまで変える必要があるのか」と。こうして人は常に進歩に対して反対してきた。人間は歩いたり馬に乗ったりするのが自然だという理由で、自動車に反対した。飛行機などは自然に反する最大のもの。人間は鳥類の領域をおかしてはならない、そんな権利は人類にはないというのだ。このような〝現状維持派〟の中には、今もって宇宙開発に反対している人もいる。

だから、保守的で伝統的な考え方は、創造的に仕事をしようとする人たちの第一の天敵となる。保守的、伝統的な考え方は、精神を凍結し、進歩をはばみ、創造力の発揮を妨害するのである。だが、そのような状態に陥らないための三つの方法がある。

(1) アイデアに対して感受性に富んだ人になること。新しいアイデアを歓迎することだ。「役に立たないだろう」とか「つまらないことだ」、「することができない」といった考えをなくしなさい。

⑵　実験的人間になること。古めかしいしきたりを破ることだ。入ったことのないレストランに行き、新しい本を読み、新しい演劇を観、新しい友と交わることだ。ときには違った道順で職場に通ってみる。あるいは、今年はいつもとは違った休暇のとり方をしてみるのもいい。今度の週末には、何か新しい、違ったことをしてみよう。

⑶　前進的であること。「これまでもこうやってきたのだから、今度もそうしよう」ではなく、「どうしたら、これまでよりもよくやれるようになるだろう」と考えることだ。

「週間改善プラン」で事業を拡大した

数か月前のことだが、私の以前の生徒が四軒目の金物店を開いた。ビジネスの世界に入ってからたったの四年しかたっておらず、事業資金が三五〇〇ドルしかなかったことを考えると、まさに驚異的なことだろう。そのうえ、他店との競争も激烈だったのだ。

ある日私は、新店の開店祝いに、彼のもとを訪れた。そして、ほとんどの経営者は一店だけでも大変なのに、三店も成功させ、四店目も開くことができたのはどうしてなのか、とそれとなく聞いてみた。

「もちろん一生懸命に働いたこともあります。しかし、朝早くから夜遅くまで働いたことが四店目の開店と直接関係があるわけではありません。この業界ではほとんどの人が一生懸命働いていますからね。私の成功の原因は、私が考えだした『週間改善プラン』にあるのではないかと思います」

「〝週間改善プラン〟とは聞きなれない言葉ですね。それはどんなものなんですか？　どんな役に立ったのですか？」

「なにも特別なものではありません。毎週よりよい仕事ができるようにしてくれるプランにすぎません。まず、前向きな考え方を持ち続けられるように、仕事を、顧客、社員、商品、そして販売促進と四つの要素に分けたのです。そして一週間の間、それぞれの面で仕事をどう改善できるのかというアイデアを書きとめておくのです。日曜の夜、四時間ほどの時間をかけて、書きとめておいたアイデアを検討し、それを仕事にあてはめて活用するにはどうすればよいのかを研究します。その際、単により多くのお客が私の店で買い物をしてくれるにはどうすればいいのかを念頭に置くだけではなく、『より多くのお客を引きつけるためには何ができるのか？』『どうしたら常連客をつくることができるのか』という質問を自分自身に発します」

そして、最初の三店を成功させた、小さいながら無数にある改善プランについて話してくれるのだった。

「実際の話、この週間改善プランはたいへん有益でした。『どうしたらもっとよく仕事をすることができるだろうか？』と入念に自分に問いかけるだけで、いい答が見つかったのです。アイデアやテクニックが浮かんでこない日曜の夜はなかったくらいです」

「そして、それだけではなく、事業や商売を繁昌させるためには是非とも知っておかなければならないことも学んだのです。それは、常に何かを学び、それを活用していくということです」

「私ならもっとよくできる」の効用

ゼネラル・エレクトリック社には「進歩はわれわれのもっとも重要な生産物である」というスローガンがある。そしてあなたが、「どうしたらそれをもっとよくすることができるのか？」と自分自身に問うとき、あなたの創造力は自動点火され、物事をもっとよくする方法がおのずから浮かんでくるのだ。

大きな成功や進歩は、「私ならもっとよくできる」という高い目標を設定する人にもたらされるのである。「私ならもっとよくできる」という力を開発するには、毎日次のような訓練をすることだ。

毎日仕事を始める前に、一〇分間だけ「今日はどうしたらいい仕事をすることができるだろうか？」と考える。あるいは、「社員を元気づけるには、私に何ができるのか？」、「どうしたら仕事の能率を上げることができるのか？」と問うのである。

単純な訓練だが、その効果は絶大だ。これを試してみれば、無限の創造的方法を発見することができるだろう。

能力は心の持ち方によって決まる

ある日曜日の夜、S夫妻と子供たちは自動車事故にあってしまった。幸い、夫人と子供たちは大事にいたらなかったが、S氏は脊椎に傷をうけ、一生働けなくなってしまったのである。そのため、S夫人が夫に代わって働きに出なければならなくなった。数か月後、彼女に会ったとき、彼女は新しい仕事をみごとにこなして、いきいきとしているのだった。

「六か月前までの私は、二人の子供の世話と家事に追われていました。事故にあってからは、そのうえに一日中フルに働かなければなりません。こんな大変なことが自分にできるとは思えませんでした。けれども、とにかくやらなければならないと思ったのです。決心してやってみると、いろいろな新しい発見がありました。普段やってきたことのなかでも、やらなくても済むことが多かったり、子供たちは家事を手伝ってくれますし、時間のやりくりが予想以上にうまくいきました。買い物に行く回数を減らし、テレビをあまり見ない、電話もあまりかけないなど、時間をつくろうと思えば、いくらでも方法があるんです」

S夫人の経験は次のことを教えている。それは、能力とは心の持ち方だ、ということである。

どれだけできるかは、どれだけできると考えているのかにかかっている。あなたがもっと多くできると信じるならば、あなたの心は創造的な考えをあなたに与える。そしてその方法を示すのである。

上役から頼まれた仕事は断るな

能力とは心の持ち方なのである。動きの早いビジネスの世界でもこのことは言える。

例えば上役が部下に「仕事をたくさん抱えているのはわかっているが、これもやってくれないか」と頼んだとする。これに対して「申しわけありませんが、いまは手がいっぱいです。やってみたいのですが、忙しすぎてだめなんです」と答える部下が多すぎるのだ。そう言われれば、上役も無理に仕事を押しつけようとはしないだろう。もともといわば〝余分な仕事〟なのだから。しかし上役は、忙しいにもかかわらず、この〝余分な仕事〟を引き受けてくれる部下を探すだろう。こういった〝余分な仕事〟を受けた部下は、自分にはもっと仕事ができると考えているから引き受けることができるのだ。そしてこのような部下こそが、いずれ出世するのである。

ビジネスにおいても、家庭や社会生活においても、成功するためには、もっとよくやり（あなたの仕事の質を改善し）、もっと多くのことをやる（仕事量を増加する）という、二つのことのコンビネーションが必要なのである。

次の二つのことをやってみよう。

⑴　より多くの仕事をやる機会を熱意をもって受け入れる。新しい仕事を頼まれるのは光栄なことだと思うことだ。仕事の上でより大きな責任を引き受けることは、あなたを自立させると同時に、あなたをより価値のある人に見せる。隣人が町会の世話をしてくれと頼んできたら、引き受けることだ。そうすれば、あなたはその町のリーダーになれる。

⑵　次に「どうしたらもっと多くのことをやれるだろうか？」ということに精神を集中することである。創造的な答が必ず浮かんでくるはずだ。それは、現在の仕事をもっとよく計画化したり組織化することであるかも知れないし、日常の活動をもっと賢明に処理することであるかも知れない。あるいはまた、本質的ではないことを省略することかも知れない。いずれにせよ、もっと多くのことをする解決案は、必ず現われるだろう。

仕事を頼むなら忙しい人に頼め

私は、個人的な方針として「何かを頼むなら忙しい人に頼め」という考えを持っている。そのため、時間をもてあましているような人とは仕事をしないようにしている。これまでの経験で、時間がありあまっているような人は、非能率的な人間で、仕事の相棒としては不適切だと学んできたからだ。

これに対して、有能で、成功した人たちはみな多忙だ。このような人たちといっしょに何かを始めると、必ず満足のいく結果をもたらしてくれるのである。

多忙な人こそあてにすることができる。だが「世界中の時間を一人じめしているような人」と仕事をすると、失望することのほうが多いものなのだ。

偉大な人は聞くことに専念する

私はこれまで何百人という人をインタビューしてきた。そしてその経験から、次のようなことを発見した。

その人が偉大であればあるほど、その人はあなたに話させようとする。ところが、その人が小さければ小さいほど、あなたにお説教をしようとするのである。

偉大な人は聞くことに専念する

小人は話すことに専念する。

だから次のことを覚えておくことだ。トップレベルの指導者は、どんな場合にもアドバイスを求めている、ということだ。だから彼らは、意思決定をする前に「あなたはこれをどう思いますか?」、「あなたなら何をすすめますか?」、「このような情況ではあなたは何をしたらいいと思いますか?」と聞くのである。

最近私は、ある経営幹部研修会の講師をつとめたことがある。一二の会議からなっていたが、それぞれの会議のハイライトは、受講者が「私はどうやって難しい経営問題を解決したか」という題目で討論することだった。九番目の会議で順番にあたったのは、ある大きな乳業会社の副社長だったが、彼はほかの人とはちょっと違ったやり方をした。どうやって問題を解決したのかを話すのではなく、彼の会社の「経営問題を解決する案を求める」というテーマを会場の人に出したのである。彼は自分がかかえている問題をすばやく、的確に説明し、それを解決するためのアイデアを求めた。そしてもちろん、提案されたアイデアをメモしたのである。

会議のあとこの人に会い、私は彼のユニークなやり方をほめた。すると彼は「このグループの中には非常に頭の鋭い方が何人かおられますね。おかげで私はいくつかのアイデアを手に入れることができました。問題を解決する糸口もつかめました」と言うのだった。

(注意――この副社長は自分の問題を説明し、それから聞いたのだ。そうすることによって、意思決定に必要な材料を手に入れたのだった。と同時に、聞いていたほかの経営幹部も、討論に加わる機会を得たことによって、この討論を大いに楽しんだのである)

聞くことによって創造力を強化する

人に話すだけでは何も学べない。しかし質問したり聞いたりすれば無限に学べる。質問したり聞いたりしてあなたの創造性を強化するためには、次の三段階のプランを実行することだ。

(1) ほかの人につとめて話させること。「あなたのご経験をお聞かせください」とか「これについてはどうお考えですか？」と聞くことによって、相手の考えを引き出すのである。しかも、つとめて人に話させることは、あなたのことを好きにさせる最も確実な方法でもあるのだ。

(2) 質問の形式をとって、あなた自身の意見をテストしてみること。相手に、あなたのアイデアに磨きをかける手助けをしてもらうのだ。「このやり方についてはどうお考えですか？」という質問形式を用いるのだ。何事についても、独断的であってはならない。

(3) ほかの人の話に精神を集中すること。聞くというのは、ただ黙って口を閉じていればいいというものではない。聞くというのは、言われたことにあなたの精神を浸透させることだ。ほかの人の言うことに精神を集中し、それを評価するのである。

アイデアを生む刺激

一年前に私は、アトランタ市で、全国販売幹部協会が主宰した一週間の販売管理講座を受け持ったことがある。この販売管理講座では単に講義を行うだけでなく、幹部同士がアイデアを交換したり、議論したりもするのだった。

数週間後、その講座に出席した営業部長のもとで働いているセールスマンに会った。彼は私に「あの講習会でうちの部長は、たくさんのことを学んで帰りましたよ」と言ってくれた。そこで、部長がどのように変わったのかを聞いてみた。すると、セールスマンの給与体系を改めたこととか、担当地域を改めたこととか、新しい報告書を作成したと、いろいろとあげてくれた。しかしどう考えてもそれらのことは、私が講習会で教えたことではなかった。営業部長は講習会で、できあいの方法を学んだのではなかった。彼はもっと貴重なものを学んだ。それは、さまざまなアイデアを生みだす刺激だったのだ。

精神的な刺激を得る方法

精神的な刺激を得る方法はいろいろある。次のやり方は、あなたの生活のパターンにも組み入れることのできるやり方だろう。

まず第一は、仕事の分野で刺激となる専門グループに少なくとも一つは加入し、定期的にその集会に出ること。そして、成功を志すほかの人たちと接触することである。このような集会でアイデアをつかんだり、考えがひらめくことはよくあることなのだ。だから、次のことはよく覚えておくことだ。自分の餌しか食べない心は、やがて栄養不良になって衰弱し、創造的、進歩的に考えることができなくなる。ほかの人からの刺激こそが精神の栄養剤なのである。

第二は、専門分野以外のグループに少なくとも一つは加入し、参加することだ。自分の仕事とは違う仕事の人たちと交わることは、あなたの考え方を広くする。そして大きな絵を見ることができるようになるのだ。

アイデアを開発し利用するための三つの方法

樫の木は毎年、小さな森ができるほどのたくさんの樫の実を結ぶ。しかし、この多量の種子の中から木に成長するのはわずか一つか二つだけである。リスがその大部分を食べてしまったり、固い大地が発芽を阻んだりするからだ。

アイデアについてもこれと同じことが言える。実を結ぶのは、ほんのわずかなものだけなのだ。とても死滅しやすいし、よほどの注意をしていなければ、リス（消極的に考える人たち）に食べられてしまう。アイデアは、それが生まれたときから、その扱い方に特別な注意が必要なのである。そのようなアイデアを開発し、利用するためには、次の三つの方法を用いることだ。

⑴　アイデアを逃さないこと。浮かんだらすぐに書きとめておくことだ。毎日たくさんのアイデアが浮かんでくる。しかし紙に書きとめておかなかったばかりに、消えてしまったも

のはあまりにも多いのだ。アイデアを保存し、育てあげるには、記憶は弱すぎるのである。いつもノートか小さなカードを持ち歩き、アイデアが浮かんだらすぐにそれを書きとめなさい。

(2) 次は、アイデアを吟味すること。集めたアイデアはファイルしてキャビネットや机の引き出しに入れておく。段ボールの箱でもかまわない。肝腎なのは、ファイルをつくったら、定期的にそれを何回も読み返すことだ。

(3) アイデアを耕し、肥料をやること。つまり、アイデアを成長させるのだ。関連するアイデアと結びつけたり、あらゆる角度から研究してみる。そして、機が熟したら、それを仕事やあなた自身のために使ってみるのである。

まとめ――次の道具を使って創造的に考えなさい

(1) それをやれると信じなさい。やれると信じれば、あなたの心はその方法を見つけだすはずである。解決を信じることは、解決への道を開くことなのだ。

(2) 保守的な考えや伝統であなたの精神を麻痺させてはならない。すすんで新しいアイデアを受け入れなさい。実験的でありなさい。新しいやり方をやってみなさい。あらゆることに進歩的であること。

(3) 毎日自分に「どうしたらもっとよくすることができるか?」と問いなさい。自己改善に限界はないのだ。「どうしたらもっとよくすることができるか?」と問えば、健全な答が得られるはずだ。

(4) 「どうしたらもっと多くのことができるのか?」と自分に問いかけなさい。能力とは心の持ち方なのだ。ビジネスにおける成功は、よりよくすること(あなたの生産物の質の改善)と、より多くすること(あなたの生産物の量の増加)のコンビネーションによってもたらされるのである。

(5) 質問をし、聞くことを実行しなさい。そうすることによってあなたは、健全な決定のための材料を手に入れることができる。次のことを覚えておくことだ。偉大な人は聞くことに専念するが、小人は話すことに専念する。

(6) あなたの精神を伸ばしなさい。刺激を受けなさい。新しいアイデア、新しい方法を考えだす人とつき合いなさい。自分とちがった職業の人や、社会的関心の違う人とつき合いなさい。

第6章 自分が考えるとおりの人になる

あなたの価値を決めるのは、あなたの考え方しだいである

人によって取り扱われ方が違うのはなぜか

店の店員が、ある人にはていねいに「おはようございます。なにかご用は？」と挨拶するのに、他のお客にはぶっきらぼうな態度で接するのを見て、不思議に思ったことはないだろうか。あるいは、ある女性のためにはドアを開けてあげるのに、ほかの女性に対してはまったくそうしないのはなぜなのか？　このような例は見回せば数多くあるだろう。ある人は「おい」とか「こら」といった取り扱いを受けるのに、別な人は丁重に扱われる。よく観察してみたまえ。信頼や忠節、賞賛を受ける人と、そうでない人がいるのに気づくはずだ。

どうしてこうなってしまうのだろうか？　ひと言で言ってしまえば、それはあなたの考え方

からくるのだ。われわれは、自分がそれに値すると考えているような取り扱いを受けているのである。

あなたの考え方があなたの価値を決める

自分は劣っていると考える人は、その人の本質がどうであるかには関係なく、劣っている人の扱い方をされる。劣っている人は、劣っている人なりの行動をとるからだ。劣等感を持っていれば、彼はそのような行動をとる。どんなに隠そうとしても、長い間それを隠しおおせるものではない。どこかで劣等感を持った人の行動をとってしまうのだ。こうして自分が重要な人物ではないという劣等感を持っている人は、重要ではない人間となってしまうのである。考えが行動を規制するのだ。

逆にいえば、自分はその仕事に適していると考えている人は、ほんとうにそのようになるのである。ということは、大切なことは、自分は重要な人間だと考えねばならないということだ。心からそう考えなければならない。そうすれば、周囲もそう考えるようになるだろう。このことをわかりやすく書き表わせば次のようになる。

あなたの考えがあなたの行動を決定する。

同時にあなたの行動が、あなたに対する他人の反応をも決定するのである。

他人の尊敬を得るには、まず、自分は尊敬に値する人間だと考えなければならない。そして、自分自身に尊敬の念を持てば持つほど、人はあなたに対する尊敬の念を強めるのである。この原理を試してみることだ。

服装はなぜ重要なのか

自尊心を増し、他人の尊敬を得るためにはいくつかの方法がある。

私が教えを受けた心理学の老教授は、学年試験の前になると、決まってなぜか次のようなことを言っていた。

「この大切な試験のためには、きちんとした服装をすることだね。新しいネクタイを買いたまえ。ズボンはプレスして、靴も磨いておくことだ。外見がシャープだと、考えかたもシャープになるものだよ」

あなたの肉体的な外観は、あなたの精神の内面に影響するのである。外からどう見えるかは、あなたが内心どう考え、どう感じるのかに影響するのだ。だから、服装を、あなたの精神を高揚させ、自信を植えつける道具として用いることである。

軍隊に入ったことのある人なら誰でも知っていることだが、軍服を着ると軍人らしく感じ、軍人らしく考えるものなのだ。女性なら、パーティ用のドレスを着てはじめて、いかにもパーティへ行くのだという気分になれるのである。

人はあなたを外見で判断する

とはいえ、人間を服装で判断してはいけない、中身で判断すべきだ、とよく言われる。たしかに道徳観としてはまことにそのとおりなのだが、この言葉に惑わされてはいけない。実際には人びとはあなたを外見をもとに判断するのだ。あなたの外見こそが、あなたの評価の第一の基礎となっているのである。

ある日私は、スーパーマーケットで、種子なしブドウを一ポンド一五セントで売っているのを見つけた。ところが他の棚では、それと同じようなブドウが、ポリエチレンの袋に入れられて二ポンド三五セントで売られていた。私は係りの若い店員に「あちらの一ポンド一五セントのものと、この二ポンド三五セントのブドウはどう違うのですか?」と聞いてみた。すると「袋が違うだけですよ。同じものを二倍入れただけですが、ポリエチレンの袋に入れるとよく見えますからね」と言うのだった。

自分を売りこむ機会があったら、このブドウのことを思い出すことだ。適切に〝包装すれば〟、自分自身をより高く売りつけることができるのだ。

明日からは、レストランやバスの中で、ホテルのロビーやお店で、職場などで、人から尊敬を受け、愛想よくされる人を観察してみることだ。彼らの外観が決定的なことを語っているからていねいに扱われるのだ。きちんとした服装は、

「ここに知的で、成功者で、頼りになる重要な人間がいます。この人は多くの人から賞賛され、信頼されています。彼は自分でも、そして人からも尊敬されています」

と語りかけているのである。

これに対して、落ちぶれて、みすぼらしい外観は次のような消極的なことしか語っていない。

「ここに何をやってもうまくいかない人間がいます。この人は注意力が散漫で、能率が悪く、何ら重要な人物ではありません。普通の人間ですから、特に考慮する必要はありません」

繰り返すが、あなたの外見は、あなたに話しかけると同時に、周りの人にも話しかけているのだ。だから常に「ここに高い自尊心を持った人間がいます。この人は重要な人間です。だからそのように扱ってください」と自分自身に話しかけることである。

外見が、自分は劣った人間だと考えさせるようなものだと、あなたはそのとおり劣った人間なのである。そうならないためにも、あなたにとって最善だと思われる外見を保ちなさい。そうすれば、あなたは最善なことを考え、そのように行動するようになるだろう。まさしく、あなたは自分がそうだと考えるとおりの人間なのである。

あなたの仕事は重要な仕事だと考えなさい

三人の煉瓦職人の話がある。三人の煉瓦職人が「君たちは何をしているんだい？」と聞かれたとき、第一番目の職人は「煉瓦を積んでいます」と答えた。二番目は「一時間三ドル三〇セントで働いているのです」と答えた。だが三番目の職人は「私ですか？　私は世界最大の大聖堂を造っているんですよ」と答えたというのだ。

この話はここで終りで、彼らがその後どうなったのかについては語っていない。しかしおそらく最初の二人は、そのままの煉瓦職人で終っただろう。彼らにはビジョンがないし、仕事に対する自尊心もあまりない。大きな成功をもたらす何かが欠けているのだ。

これに対して三番目の、世界最大の大聖堂を心に描いていた男は、決して煉瓦職人のままでは終らなかっただろう。少なくとも職長か請負人、ひょっとすると建築技師になったかもしれない。そしてもっと前へ、上へと昇っていったと思う。なぜか？　彼の考え方がそのことを実現させてくれるからだ。第三の煉瓦職人は、自己発展の道を示すチャンネルに、自分の考え方をあわせているからである。

仕事に対する考え方は、その人の潜在的な能力を推しはかるものなのだ。就職コンサルタントをしている友人はそのことをよく知っていた。

「就職希望者にいつも注意することは、その人が現在の仕事についてどう考えているかということです。いまの仕事のどこかが嫌いになっていても、その仕事は重要な仕事だと考えている場合には、その人からはいつも好印象を受けます」

「その理由は簡単です。そういった人からはプライドが感じられるからです。そして、いまの仕事が重要だと感じている人は、仕事を移っても、プライドを失わずにいい仕事ができるはずなのです。仕事に対する尊敬の念と仕事の成果とは、驚くほど緊密に関係しているのです」

外見と同じように、あなたの仕事に対する考え方も、多くのことを周囲の人に語っている。だから、自分は二流だ、必要なものが欠けている、失敗するだろう、弱い人間だと考えている人は、やはり凡庸の域を出ないだろう。逆に、私は重要なのだ、私は必要なものを持っている、私は一流の人間だ、私の仕事は重要な仕事だと考えてごらんなさい。そうすれば、成功への道をまっしぐらに進むことになるだろう。

あなたならどちらの人間を選ぶか

欲しいものを手に入れる鍵は、自分について積極的に考えることにある。あなたの能力は、あなたの行動によって判断されるが、その行動はあなたの考え方によってコントロールされるからだ。

あなたは、自分が考えるとおりの人なのである。

自分が経営者だったら、次のうちどっちの人を昇進させるか考えてみよう。そうすれば、どんな人が求められているかがわかるだろう。

(1) 上役が部屋から出て行くや、雑誌を読んで油を売る秘書か、それとも、上役が帰ってきたら仕事がしやすいように、こまごまとした仕事に時間を費やす秘書か？

(2) 「そうですか。私のやり方が気にいらないのなら、いつでも会社を辞めますよ。仕事なんかいつでも見つかりますからね」と言う社員か、それとも、注意されたらそれを建設的に受け入れて、もっとよい仕事をしようとまじめに努力する社員か？

(3) 「上役からあそこへ行って注文を取ってこいと言われたから、伺っただけですよ」と言うセールスマンか、それとも、「ブラウンさん、何かお役に立てないかと思い伺いました」と自主的に行動するセールスマンか？

現在の仕事に対する考え方が将来を決める

ある広告代理店の幹部が、新入社員を「教育」する訓練法を話してくれた。

「会社の方針としては、大学卒の新人にはまず使い走りをやってもらいます。もちろん、大学で四年間、専門教育を受けた彼らに、ずっと使い走りだけをやらせるつもりはありません。その目的は、代理店の仕事に必要なことをできるだけ多く経験してもらうことにあります。身の回りの仕事をすべて呑みこませたうえで、本来の任務を割りあてるのです」

「ところが中には、その必要性をいくら説明してやっても、使い走りはつまらないとか、重要な仕事ではないのになぜやらせるのかと文句を言う奴がいる。実は、残念ながらこういう人たちは、わが社では将来性のない人たちです。代理店では使い走りをすることが、重要な仕事への第一歩であるということが、まるでわかっていないんですから」

注意してもらいたいのは、この幹部は、現在の仕事をどのように考えているかによって、将来の仕事ぶりがわかるということを言っているということだ。

先に進むまえに、次のことを少なくとも五回読んでいただきたい。

自分の仕事を重要な仕事だと考える人は、

その仕事をよりよくするにはどうしたらよいかという心の信号を受け取る。

そして、よりよい仕事をすることは、

より高い地位への昇進、より多くのお金、より多くの名声、より多くの幸福を与えてくれる。

熱意があれば人は動いてくれる

成功した人たちの共通点の一つに熱意がある。デパートの店員に熱心にすすめられて、ついつい商品を買ってしまったことがあるだろう。あるいはまた、熱意あふれる講演に、聴衆が熱狂しているのを見たこともあるだろう。このように、熱意を持っていれば、周囲の人たちもそれに引き込まれてしまうのだ。

では、どうしたら熱意を持つことができるのだろう。簡単なことだ。何かを熱意を持って考えればよいのである。あなたの心の中に、「これはすごいことだ。私は一〇〇パーセントそうするぞ」という、楽天的で進歩的な熱情を持つのだ。

あなたは自分が考えるとおりの人なのである。だから、熱意を持って考えるならば、熱意あふれる人になるだろう。仕事を立派にやりとげたいと思うのなら、その仕事に熱意を持つことだ。あなたがかもしだす熱意は、やがて部下たちや周囲の人にも伝わり、あなたは第一級の成績をあげられるようになる。

ところが逆に、いつも遅く出社し、そのうえ早く退社するような熱意のない仕事をしていたら、部下たちはどうするだろう。

考えてみてほしい。部下たちがすばらしい成績をあげている支店のセールスマネジャーと、部下たちがそこそこの成績しかあげていないセールスマネジャーとでは、どちらが先に営業部長に抜擢されるだろうか？　あるいはまた、生産割り当てを立派にこなしている係長と、ボーダーラインよりはるかに下の成績しかあげていない係長とでは、どちらが生産課長に推薦されるかを。あなたの上役は、仕事の量や質で、あなたを評価するのである。

次に述べるのは、人を働かせるためのアドバイスだ。

(1) 仕事には、いつも積極的な態度をとりなさい。そうすれば部下も見習って前向きに仕事をするようになる。

(2) 毎日、仕事をする前に自分にこう問いかけなさい。「私はあらゆる面で、人から模倣されるだけの価値があるだろうか？　仕事のやり方は、部下にも見習ってほしいと言えるようなものだろうか？」

毎日数回は自分自身に元気づけの言葉をかけなさい

ある自動車セールスマンの成功のためのテクニックを紹介しよう。

「毎日二時間、デモンストレーションの予約をとるためにお客に電話をかけるのですが、三年前まではこれが大の苦手でした。私ははずかしがり屋で、人見知りをするほうなので、声がおどおどしてしまうのです。だから『関心ありませんね』と、たちまち電話を切られてしまうのでした」

「そのころ、うちのセールスマネジャーは月曜ごとに販売会議をやっていました。それはわれわれを元気づけてくれる会議で、私も会議のあとはなんとなく気分がすっきりしたものでした。しかもそれだけではなく、この月曜日には、いつもよりも電話での予約がよけいにとれたような気にもなったし、実際そうだったと思います。ただ残念なことに、この気分が、火曜日、水曜日と続いていかないのです」

「けれどもあるとき、私は一つのアイデアを思いつきました。セールスマネジャーが私を元気づけることができるのなら、同じことを自分でできないだろうかと考えたのです。電話をかける前に、自分で自分を元気づけてやればいいのではないか、ということです。そこで私はある日、外にあった一台の空車に乗りこみ、その中で数分間、声を出して自分に話しかけたのです。『私はすばらしいセールスマンだ。これから社内一のセールスマンになろうとしている。よい車を売っているのだから、売り上げもよくなるはずだ。これから電話する人たちは、この車が必要なはずだ。私は彼らに売りこむのだ！』と」

「最初の日からこの自己激励は効果を発揮しました。気持ちが非常にしっかりしてきて、電話をかけるのも怖くなくなったのです。いや、むしろすすんで電話をしたくなったくらいです。今でもこの方法をやっていますが、もう車の中でやる必要もなくなりました。電話のダイヤルを回す前に、心の中で考えるのです。自分は一流のセールスマンだ、これから成果をあげようとしているのだ、と。すると、そのとおりになるのです」

トップになるには、自分はトップなのだと考えなければならないのだ。あなた自身に、このような元気づけの言葉をかけてごらんなさい。そうすれば、自分がどんなに大きく、どんなに強くなったかがわかるだろう。

自分を価値ある人間と考えなさい

ある講習会で、全員に「リーダーとは何か」というテーマで一〇分間話してもらった。ところが、受講者の一人が、立ち上がって話し始めた途端、膝はガクガクし、手はふるえだしてしまったのだ。しかも何を話そうとしているかも忘れてしまい、五、六分もじもじしたあげく、とうとうがっくりとして座りこんでしまったのである。

講習が終ったあと、私は彼に、話があるから次回は一五分ほど早く来てくれないかと頼んだ。当日、そのとおりに彼がやってきたので、腰をおろして、前回のときのことについて話すことにした。私は彼に、話を始める五分ほど前には何を考えていたかを聞いてみた。

「そうですね、考えたことといえば、どんなにおどおどしているかということです。自分がしくじってしまうだろうとも考えていました。そして何を言おうとしているか思い出そうとしましたが、何を考えてもだめだったのです」

「そこですよ」と私は口をはさんだ。

「あなたの問題点はそこにあるのです。話しだす前に、すでにあなたは自分自身にひどい精神的打撃を与えてしまっているのです。自分は失敗するだろうと、始めから考えてしまいました。うまくいかなかったのも、不思議ではありません。あなたは、勇気を引き出すのではなく、恐怖心を引き出してしまったのです」

「あと四分で次の講習が始まります。その前にぜひしてもらいたいことがあるのです。自分に元気づけの言葉をかけてみてください。ホールの向こうの空いている部屋へ行って、こう言うのです、『私はこれから重大な話をしようとしている。私にはそれを聞いてくれる聴衆が必要だ。これから彼らに、それを思う存分聞かせてやるのだ』と。確信を持ってこの言葉を力強く繰り返すのです。そうしてから講習会で話を始めるのです」

前回とこのときとの違いを、あなたにも見せたいくらいだった。彼はみごとなスピーチを行ったのである。

この話の教訓は次の点にある。自分の精神を高める自己賞賛を実行せよ、ということだ。決して、自分を矮小化してはならない。自信を持つことだ。

あなたは自分がそうであると考えるとおりの人なのだ。自分自身を価値あるものと考えなさい。そうすれば、より価値ある人となるだろう。

自分自身のコマーシャルをつくり、それを活用する

トム・スタレーは前途有望な青年だった。彼は一日に三度は「トム・スタレーの六〇秒のコマーシャル」と自ら呼んでいるもので、自分を売りこんでいる。彼はこのコマーシャルを財布に入れて四六時中持ち歩いているが、それにはこう書かれているのだった。

トム・スタレー、おまえは重要な、真に重要な人物（VIP）だ。トム、おまえは大きく考えられる。だからいつも大きく考えることだ。あらゆることについて大きく考えるのだ。おまえは最高の仕事をする能力を持っているのだから、必ず最高の仕事をするだろう。

トム、おまえは幸福、進歩、繁栄を信じているはずだ。だから、

幸福についてだけ話しなさい。

進歩についてだけ話しなさい。

繁栄についてだけ話しなさい。

トム、おまえには馬力があるはずだ。だからその馬力を仕事に活用しなさい。おまえを押しとどめるものは何もないはずだ。

トム、おまえには熱意がある。その熱意をぶつけなさい。

トム、おまえは外見もよいし、気分もきっとよいはずだ。その状態を続けることだ。

トム・スタレー、おまえは昨日は偉大な男だった。そして、今日も偉大な男であり続けるだろう。トム、さあ前進だ！

トムはこう語っている。

「こうして自分を売りこみ始める前は、私は他人よりも劣っていると考えていました。でも今では、勝つために必要なものはすべて持っていると考えています。そして事実、いつもあらゆることに勝ち続けているのです」

次に示すのは、自分を売りこむコマーシャルのつくり方である。

まず第一に、あなたの資質、すなわち、すぐれている点を選びだしなさい。自分の長所をあげるのに、遠慮などしないこと。

次に、この長所をあなた自身の言葉で紙に書きなさい。あなたに対するあなたのコマーシャルを書くのだ。トムのコマーシャルを見習って、彼がどのように自分を励まし、強く語りかけているかに注意しなさい。あなたも、直接自分自身に語りかけるのだ。

第三は、一日に少なくとも一度は、あなたのコマーシャルを口に出して話すことだ。鏡の前でやれば、いっそうよい。確信を持って力強く繰り返すのだ。身体中の血行が速くなるように、あなた自身がカッカと燃えるように話すのだ。

第四は、毎日数回、声に出さずにこのコマーシャルを読むことだ。そして、何事であれ勇気が必要な時には、これを読むのである。気がくじけそうなときにも、読むのだ。肌身はなさず持ち歩き、それを利用することだ。

あなたの考え方をレベルアップしなさい。VIPが考えるように考えなさい

考え方を高度化すれば、あなたの行動も高度化する。そしてさらに、それによって成功が生み出されるのだ。

次にあげるのは、重要な人を手引きとして、あなた自身を高める方法である。

●私の考え方のチェックリスト

情況　　あなた自身に次のように問いなさい

①　悩んでいるとき　　VIPはこのようなことについて悩むだろうか？　私が知っているもっとも成功した人はこのようなことで心を乱すだろうか？

②　アイデア　　もしこのようなアイデアをつかんだら、VIPは何をするだろうか？

③　私の外観　　私は自尊心を持っている人のように見えるだろうか？

④　私の言葉　　私は成功する人の言葉を使っているだろうか？
⑤　私が読むもの　　ＶＩＰはこのようなものを読むだろうか？
⑥　会話　　これは成功する人びとが話しあうようなことだろうか？
⑦　カッとしたとき　　ＶＩＰはこのようなことで興奮するだろうか？
⑧　私の冗談　　これはＶＩＰが言うような冗談だろうか？
⑨　私の仕事　　ＶＩＰは彼の仕事をほかの人にどう説明するだろうか？

「それはＶＩＰがするやり方だろうか？」という質問を心の中でいつも発してみることである。あなたをより成功する人にするために、この質問を繰り返すことだ。

この章で覚えておくべきこと

要約すれば、この章では次のことを覚えておいていただきたい。

(1)　ＶＩＰに見えるようにすること。外観があなたの精神を高揚させ、自信を生み出すようにしなさい。あなたの外観は、人にも語りかけるのだ。だから「ここにＶＩＰがいる、知的で、信頼できる人が…」と人に思わせるような外観にしなさい。

(2) あなたの仕事はとても重要な仕事なのだと考えなさい。そうすれば、その仕事をよりよくする方法が見つかる。あなたの部下も、自分たちの仕事が重要なのだと考えるようになるだろう。

(3) 毎日数回、あなた自身に勇気を奮い起こす言葉をかけなさい。自分を元気づけるのだ。「自分に自分を売りこむ」コマーシャルをつくりなさい。機会あるごとに、自分は第一級の人物なのだということを思い出しなさい。

(4) 人生のあらゆる情況で「これはＶＩＰが考える考え方だろうか」と自分自身に問いなさい。そしてその答に従いなさい。

第7章　一流をめざしなさい

あなたの考え方、態度、個性は環境によってつくられる

精神の食物とはいったい何なのか

肉体は、その肉体が食べたものによって規定される。同様に、精神も、精神が食べたものによって規定されるのである。もちろん、精神の食物は、ひとまとめで手に入るものでもなければ、店先で買えるものでもない。では、精神の食物とは何なのか。

精神の食物は、あなたの環境である。あなたの意識、および無意識に影響をおよぼすあらゆるものが精神の食物となる。そして、この精神の種類が、われわれの習慣、態度、個性を決定するのである。また、われわれの能力をどれだけ伸ばすか、それをどのようにして伸ばすのかも、われわれが食べた精神の食物によって決まるのである。

それは、あなたが、アメリカではなく、どこかほかの国で育っていたならどうなっていたかを考えてみればわかる。その国であなたは、どんな食物が好きだっただろうか？　衣服の好みは今と同じだっただろうか？　どんな遊びが好きだっただろうか？　どんな仕事をしていただろう？　そう考えていくと、もしもあなたが違った国で育っていたなら、きっと今とは違った人間になっていたことがわかるはずだ。なぜなのか？

それは、環境が違うからだ。人は周りの環境に大きく影響される。だから、あなたは環境によってつくられた産物なのである。しかし、もっと重要なことは、あなたの考え方の大きさ、あなたの目標、あなたの態度、あなたの個性、これらすべてはあなたを取りまく環境によってつくられたのである。

専門家の間でも今や、あなたの個性や野心、現在の地位など、今日のあなたの大部分が、あなたの心理的環境によってつくられるということで意見が一致している。さらにまた、五年、一〇年、二〇年後のあなたも、未来の環境にほとんど全面的に依存しているとも言われている。あなたは年を経るに従って変わっていくだろう。しかし、どのように変わるかは、あなたの未来の環境、つまり、あなたが自分に与える精神の食物にかかっているのである。では、われわれの未来の環境が満足と繁栄をもたらすようにするには、どうしたらいいのだろうか？

周囲の抑圧からどう脱出すればいいのか

その第一歩は、成功に照準を合わせて、あなた自身を再整備することである。

成功に達することを妨げるものの一つに、そんな成功は自分にはとっても無理だという感情がある。そしてこのような抑圧的な感情がどこから来ているのかを探るためには、われわれの子供の頃にさかのぼらなければならない。

どんな人でも、子供の頃には高い目標を持っているものだ。子供のときは、未来を征服する計画を立ててみたり、リーダーになることを夢見たり、金持ちで有名な人になろうと考えたりする。みな、第一級の、最大の、そして最善な人間になるプランを持っていたのだ。

しかし、これらの目標へと始動する年齢になる前から、すでにさまざまな抑圧を受けるのである。四方八方からこんな声が飛んでくる。「おまえは夢想家なんだな」、「非現実的で、馬鹿げていて、単純で、間が抜けている」、「成功なんて運しだいさ」、あるいは「年をとりすぎているか、若すぎる」といった具合だ。

要するにこれらは「どうせ成功しないのだから、何もしないほうがいいのさ」と言っているのである。このような宣伝に影響されると、人はどうなっていくのだろうか。次の三つのグループに分かれていくのである。

第一グループ……完全に希望を棄ててしまった人たち。大多数の人たちは、成功は運のいい者が握るのだ、ということを心の奥底で信じてしまっている。そして自分はそのような運を持っていないと考えているのだ。

第二グループ……部分的に希望を棄ててしまった人たち。この第二の、ずっと数の少ないグループは、成功についてまだ多くの希望を持って大人になる。だから、自分で準備もし、働きもする。計画も立てる。しかし一〇年もたつと考えが変わってくる。トップレベルへの競争がたいへんなものに見えはじめるのだ。そして最終的には、大きな成功は努力の価値のないものだと考えてしまうのである。彼らはこう言って自分を合理化する。「われわれは並の人以上の収入を得ているし、普通の人よりいい暮らしもしている。これ以上自分を苦しめる必要があるのだろうか」と。

第三グループ……決して希望を棄てない人たち。このグループは全体のわずか二パーセントか三パーセントにすぎないが、悲観的にもならず、抑圧にもうちひしがれない。このような人たちこそが成功へと生き抜くのである。

正直に言えば、われわれはすべて、この第三グループに入りたい。しかし、そこに入るためには、周囲（＝環境）からのさまざまな抑圧に打ち勝たなければならない。第一グループや第二グループの人たちは、無意識ながらも、第三グループの足を引っ張ろうとするのだ。

例えば、自分は五〇万ドルの家を買おうと考えていると言ったとしよう。するとおそらく、第一、第二グループの普通の人たちは、そんなことできるものかと、あなたをあざ笑うだろう。しかし、すでに五〇万ドルの家を持っている人に、その計画を告げてごらんなさい。彼らは決して驚きはしない。なぜなら、彼らはそれが不可能ではないことを、知っているからだ。

だから、次のことをよく覚えておくことだ。あなたの計画に対して、それは不可能だと言う人たちは、いつも成功しない人たちだ。よく言っても、成功という点に関しては、せいぜいごく普通の、あるいは凡庸な人たちである。このような人たちの意見を聞く必要などありはしない。マイナスになるだけなのだ。

消極的なアドバイスは、自分ならそれは実現できるというチャレンジとしてだけ受け取ることである。

一流の人とつき合いなさい

消極的に考える人たち（消極主義者）はどこにでもいる。そして彼らは、他人の積極的な進歩を妨害することに喜びを感じているのだ。彼らの中にはお人好しもいる。しかし、たいていの者は、嫉妬ぶかい連中なのだ。自分はどうにもならないので、あなたをつまずかせようとしているのである。

消極主義者を見極め、彼らにあなたの成功のプランを破壊させないように注意してほしい。

われわれの考え方は、交わっているグループによって影響されやすい。だから、消極主義者たちではなく、正しく考える人たちの中に身を置くようにしなければならない。

消極的な考えを持った人たちが、あなたを彼らのレベルまで引きおろそうとするのを放っておいてはいけない。そのような考えはよせつけないことだ。進歩的に考える人たちに近づきなさい。そして、彼らとともに上に昇りなさい。

成功した人は喜んであなたを助けてくれる

だが、成功した人はとっつきにくいと考えている人がいる。ほんとうはそのようなことはないのだ。実際はまったく逆で、謙虚で、しかも喜んで人を助けてくれるのは、成功した人たちなのである。彼らは自分の仕事と成功に心からの関心を持っている。だから、その仕事に興味を持ってくれる人、その仕事を受けついでくれる人を求めているのである。ぶっきら棒で近づきにくいのは、むしろ偉くなりそこねた連中なのだ。

仕事ができることで有名な経営幹部は次のように語っている。

「私はとても忙しいのですが、いくら忙しくても部屋の扉に『入室を禁ず』などといった貼紙は出しません。誰かの相談に乗るのは、私の仕事の一つですからね。個人的な身上相談、私流に言えば『個別指導』についてもそうで、求める人がいればいつでも受けられるようになっています」

「会社の問題にしろ、個人的な問題にしろ、私はいつでも手助けするようにしています。特に、自分の仕事について旺盛な好奇心や知識欲を持った人の相談は大歓迎です」

「しかし残念ながら、それらを求めないような人の相談に乗る時間はありません」

何かの助言を得たければ、第一級の人のところへ行くことだ。失敗者からアドバイスを求めるのは、癌の治療法をやぶ医者に聞くのよりもっと悪い結果になる。

週末の過ごし方

よい仕事をしている人たちには、決まって一つの特徴があるものだ。それは意外なことに、職場においてではなく、職場の外での生活に現われる。

同じ職場で働いているジョンとミルトンの週末の過ごし方でこのことを見てみよう。

ジョンは、土曜日の朝はボーイスカウトの仕事に参加している。そして午後の時間は、家庭の雑用をすることにしている。裏庭に花壇をつくるといった、何か特別なことをする場合もある。日曜日には、ジョンは家族といっしょに山登りに行ったり、博物館に行ったりする。ときおり、郊外へドライブするが、それは彼が遠からず郊外に土地を買おうと思っているからだ。日曜の夜は静かに過ごすことにしている。本を読むとかテレビのニュースを見るとかだ。

全体的にいえば、ジョンの週末は計画的だ。目新しくて面白い活動をすることによって、退屈がシャットアウトされている。ジョンは週末、十分な精神的日光浴をしているといえるだろう。

これに対してミルトンの場合はどうだろう。彼の週末はかなり無計画だ。金曜の夜、彼は疲れて帰ってくる。彼は奥さんに、「こんどの週末は、どこかに行ってみようか?」とは聞くが、いつもそれだけで、先へ進んだためしがない。

客を招いて食事をすることもめったにないし、招かれて出かけることもないのだ。疲れて帰ってくるミルトンは、土曜の朝は遅くまで眠っている。そのため、残りの時間はあれやこれやの雑用でつぶれてしまう。夜、彼の家族はテレビを見て過ごすか、たまに映画に行く程度だ。ほかにすることがないのだ。日曜日の午前中もミルトンはたいてい寝ている。そして午後になってようやく、自動車に乗ってビルとメアリーの家を訪問するか、彼らがやってくるのである。ビルとメアリーは、ミルトンたちが定期的に訪れる唯一の夫婦なのである。

このようなミルトンの週末は、たぶん退屈そのものだろう。沈滞し、暗く、人をうんざりさせるような過ごし方だ。ミルトンは精神に日光をすこしもあてていない。

では、この二つの週末はジョンとミルトンにどのような影響を与えるだろうか。一週間や二週間ではそれほどの変化は現われない。しかし、何か月、何年とたつうち、その影響はとほうもないものになる。

ジョンの環境は、彼の気分を爽やかにし、彼にアイデアを与え、彼の思考能力を刺激する。これに対してミルトンの環境は、彼を精神的に飢えさせてしまう。思考能力もそこなわれる。その結果、両者の間には大きなへだたりができてしまうのだ。ジョンは指導的な地位を獲得するだろうが、ミルトンはそうはいかないのである。

職場以外の生活が建設的な人は、暗い家庭生活をおくっている人よりも例外なくよい仕事をしているのである。だから、ある営業部長も次のように言っている。

「私は、わが社に入社する営業マンが、仕事に協力的な家庭を持っていることを望みます。出張が多いことに文句を言ったり、時間が不規則だとこぼしたり、仕事からくるさまざまな不自由に不平を言ったりしない家庭を持ってほしいのです」と。週末とアフター・ファイブは、オン・タイムの仕事に確実に影響を与えるのである。

ほかの仕事をしている人とつき合うことの意味

先月のことだが、私と妻は、あるデパートの重役のパーティに招かれた。そのとき、ちょっと心にひっかかることがあったので質問してみた。

「ほんとうに楽しい夜でした。ところで、一つだけわからないことがあります。今夜私は、主としてほかの小売業の幹部の方たちとお目にかかれるものと思っていました。ところが今夜のあなたのお客さまは、どなたもぜんぜん違う分野の方ばかりでした。作家もおられれば、医者も、技師も、計理士も、先生もといった具合です。どうしてなのでしょうか?」

彼はほほえんで、こう答えてくれた。

「そのとおりです。もちろん、小売業の方々をお招きすることもあります。しかしヘレンと私は、まったく違う仕事をしている方々と交際すると、いろいろな刺激を受け、とても元気づけられると考えているのです。同じ業界の方をお呼びするだけだと、古いわだちから一歩も抜けられないのではないかと思います」

「それだけではありません。いろいろな人を知るのが、実は私の仕事でもあるのです。私たちの店には、毎日、あらゆる職業の何千人もの人たちがやってきます。ほかの人の考え方、関心、見解について知れば知るほど、彼らのニーズもわかり、商品やサービスの提供に役立つのです」

次にあげるのは、あなたの社交環境を第一級のものにするやり方である。

(1) 新しいグループとつき合うこと。社交環境をいつも同じ小さなグループに限定することは、退屈や単調、不満足を生む原因となる。そしてこれもたいへん重要なことなのだが、成功するためには、人間理解のエキスパートになることが必要なのだ。そのためにも、新しい友をつくり、新しい組織に加わり、あなたの社交範囲を広げなさい。

(2)　あなたとは違った意見を持つ友人を選ぶこと。責任と重要な地位は、物事の両面を見ることのできる人に与えられるからだ。

(3)　つまらないことや重要でないことには拘泥しない友人を選ぶこと。積極的なことに関心を持つ人、あなたの成功を見たいと思っている人を友人に選ぶことである。

「ゴシップ」という名の毒

ゴシップという毒がある。これは、人びとについての否定的な会話のことだ。普通の会話は健全なものである。それはあなたを勇気づけ、あなたを春の日の暖かい日光へといざなうものだ。あなたを勝利者のように感じさせる会話まである。しかし、ある種の会話の中には、毒のあるものもある。まるで放射能をふくんだ雲のようなものもあるのだ。それはあなたを息苦しくさせる。気分を悪くし、あなたを失敗者に変えてしまうのだ。

さらに悪いことには、人びとはこの会話の毒に気づかない。毒だとは気づかずに、逆に面白がってしまうのだ。こうしてゴシップが生まれる。ゴシップを流す人たちは、自分が好ましくない、信頼しがたい人間になっているとは気づかず、ますます他人についての噂話をしてしまうのだ。

人の噂をして悪いというわけではない。しかし話すのだったら、否定的な面ではなく、積極的な面だけにするべきだ。すべての会話がゴシップであるというわけではないのだ。くだけた話、商売上の話、噂話もときどきは必要なものだ。それらが建設的なものであるなら、何らかの役に立つからだ。

次のテストによって、自分にゴシップ屋の傾向があるかどうかを調べてみよう。

①友人の噂をふりまいているか？
②友人についてはいつもよいことを言っているか？
③スキャンダルについての話を聞くのが好きか？
④いつも事実に基づいて人を判断しているか？
⑤噂話を聞かせてくれるように人をけしかけているか？
⑥「ここだけの話だよ」という言葉をよく使うか？
⑦秘密の情報は秘密にしているか？
⑧友人のことを話すときやましさを感じるか？

ゴシップ屋にならないための正しい答は明らかだろう。

すべからく第一級をめざす

第一級をめざしなさい。買う商品やサービスも含めて、とにかくあなたがすることのすべてについて第一級をめざしなさい。

「そうは言っても、第一級のものを買うお金などありません」と言うかもしれない。しかし、簡単に言ってしまえば、第一級のものを買うのが一番安あがりなのだ。

第一級品を買うことは、長い目で見れば二級品などを買うより安くつく。それに、安っぽいガラクタをたくさん持つより、品質のよいものを持つほうが賢明だろう。上質の靴を一足持つほうが、二流品の靴を三足持つよりずっといいのだ。なぜなら、人は無意識のうちに、あなたを質で評価しているからだ。だから絶えず質に対する感覚を発達させることだ。それは必ず役立つはずである。

あなたの環境があなたの成功に役立つようにしなさい

(1) 環境に注意しなさい。食物が肉体をつくるように、精神の食物＝環境が精神をつくるのである。
(2) あなたの環境が、あなたに有利に働くようにしなさい。自分にはそんなことはできないという、消極的で抑圧的な力に立ち向かいなさい。
(3) 小さく考える人たちが、あなたを後へ引きもどそうとするのに抵抗しなさい。嫉妬心の強い人は、あなたがつまずくのを見ようとしているのだ。彼らに満足を与えないことだ。

(4) 成功した人の助言を受けなさい。失敗ばかりしている人とつき合って、あなたの将来をだめにしないことだ。

(5) 精神的日光浴を十分にすること。新しいグループとつき合いなさい。新しい刺激的なことをするようにつとめなさい。

(6) ゴシップについて話すのはやめなさい。友人について話すときは、積極的な面だけにしておきなさい。

(7) あなたがするすべてのことに第一級をめざしなさい。二級品で満足していてはいけない。

第8章
正しい態度をとりなさい

成功の鍵は、熱意を持ち、サービス精神を忘れず、人から重要人物だと思わせること

なぜ人の心が読めるのか

人の心を読むことができるだろうか、と言われると、そんなことできるはずがないと思うだろう。しかし実は、人の心を読むのは、あなたが考えているよりずっとやさしいことなのだ。しかも、あなた自身も毎日ほかの人の心を読んでいるし、彼らもまた、あなたの心を読んでいるのだ。

では、どうやって心を読むのか？　相手の態度によってそれを読むのである。「恋を知らせるのに言葉はいらない」というビング・クロスビーの歌があるが、まさにそのとおりなのだ。恋したことのある人なら誰だって知っている。恋を知らせるのに言葉はいらない。態度でわかる

のである。どう考えているのか、というのは、行動に現われる。態度はまさしく、心の鏡なのである。考えをうつすのだ。

正しい態度は何をもたらすか

アーウィン・H・シェル教授はこう言っている。

「物事を達成させるには、才能や能力以外のものが必要である。私はそれを、両者を結びつける要素としての態度と考えている。われわれの態度が正しければ、われわれの能力は一〇〇パーセント発揮され、必然的にそこからよい結果が生まれるのである」

態度が、物事の相違をつくりだすのである。正しい態度のセールスマンは、ノルマの額を超過する。正しい態度の生徒は優をとる。そして正しい態度をとる人は、ほんとうに幸福な結婚生活への道を歩き始めるのである。正しい態度の人は人と上手に交わることができ、指導的な立場に立てる。正しい態度は、どのような情況においてもあなたを勝利者とするのである。

だから、次の三つの態度を育てあげることだ。何事をする場合にも、それをあなたの味方とするのだ。

① 私ははりきっているという態度を育てあげること。

② 自分は重要な人物であるという態度を育てあげること。

③　サービス第一、という態度を育ててあげること。

熱意に欠ける人は他人に熱意を起こさせることはできない

大学二年生のとき、私はアメリカ史のクラスに入ったことがある。歴史教室はたいへん大きな、扇状をした講堂で行われていた。教授は中年で、学識はあるように見えたが、何とも退屈でかなわない人だった。歴史を生き生きと、魅力に富んだものとして説明するのではなく、過去の事実を一つ一つ追うだけだった。面白いと思われる主題も、この教授にかかると、たちまち退屈なものになってしまうという具合だった。

そのため、教室は私語や居眠りで手がつけられない状態になってしまった。教授は二人の助手に教室内を巡回させて私語をやめさせ、居眠り学生をたたき起こさなければならないくらいだった。ときおり教授の「諸君、私の話をよく聞いてください。勝手に私語をしてはいけません」という注意が飛んだけれども、もちろん効果はなかった。

私はこの教授の講義に出るたびに、「どうして学生たちは、教授の話を聞かないのだろう？」と不思議でならなかった。そしてある日、気がついたのだ。学生たちが教授の話に興味を持たないのは、教授自身が自分の話に興味を持っていないからだ、と。彼はもう歴史の話にはうんざりしていたのだ。それがその態度に現われているのだった。だから聞くほうも、うんざりしてしまったのである。

人を熱心にさせるためには、人をはりきらせるためには、まず自分自身が熱心にならなければならないのだ。

このことに気づいて以来、いろいろな情況のもとで、この法則の真偽をたしかめてきた。しかしそれは、いつの場合も真理だった。熱意を欠く人は、他人に熱意を起こさせることはできない。が、熱意ある人はすぐに、熱意ある信奉者を持つ。熱意あるセールスマンはすぐに熱意ある買手を見つけるし、熱意のある先生は熱意ある生徒を持つようになるのだ。

結果は、注がれた熱意の大きさに比例するのである。

次にあげたのは、熱意の力を育てる方法である。

1――そのことをより深く研究すること

トランプであれ、音楽であれ、スポーツであれ、何か興味のないものについて考えてみればいい。一〇中八、九までは、それについて、あなたは「あまりよく知らない」はずだ。

私自身のことで言えば、長年の間私は現代美術にはまったく関心がなかった。だから、何一つわからなかった。けれども、友人の愛好家にくわしく講釈してもらい、知り始めてからは、現代美術に大いなる魅力を感じている。

このことは、熱意を持つための重要な鍵を与えてくれている。熱意を持つためには、まずそのことについて、よく知ることなのだ。

人に対しても同じことが言える。彼の家族、彼の考え、彼の野心、彼の人間関係などについてもっとよく知りなさい。そうすればきっと、彼について興味を持ち、熱意を持って接することができるだろう。相手を深く研究すれば、どこかにあなたとの共通点を見い出すはずだ。そうすれば、相手もあなたの魅力を発見してくれるだろう。

より深く研究するやり方は、例えば転勤などを命じられて、やむなく新しい土地に住まなければならなくなったときにも役立つ。新しい土地の土地柄をよく調べてみるのだ。そこの人たちと積極的に交わることだ。そして、その土地の人のように考え、行動するのである。そうすれば必ず、新しい環境にも熱意を持てるようになるはずだ。

より深く研究すればするほど、熱意は育ってくる。こんなことはうんざりだ、と思うようなことがあったら、この方法を活用してみることだ。

2――あなたがするすべてのことに活気を与えること

握手するときは、相手の手をしっかり握って、大きく振りなさい。「お近づきになれてうれしいです」、「またお目にかかれてうれしいです」と言っているように握手するのである。おずおずした握手や、おっかなびっくりの握手なら、やらないほうがましだ。そんな握手は「この男は信用できるのか？」と相手に思わせるだけだ。

ほほえみにも活気を与えなさい。不自然な、とってつけたようなほほえみが好きな人は誰もいない。ほほえむときは、本気でほほえむのだ。目でほほえみなさい。歯が見えるくらいにほほえむがよい。あなたがほんとうにほほえんでいるとき、相手はあなたの歯など見てはいない。温かいあなたの人柄を、熱意ある態度を見るのである。

話すときには、元気に、力をこめて話すことだ。あなたの話に活力を持たせるのである。会社の上司に話すときだろうと、お客と話すときだろうと、あるいは子供たちと話すときだろうと、とにかく言葉に熱意を持たせることだ。そして話に活気を与えれば、あなた自身も活気づくことになる。だから、力強く、気力をこめて「今日はとてもすばらしいぞ！」と言ってごらんなさい。きっとずっと気分よく感じるにちがいない。

言ったりしたりすることのすべてを通じて、「この男は生き生きしているぞ」と示すことだ。

3——よいニュースをひろめること

「いいニュースがあるぞ！」と叫べば、一〇〇パーセント人は注意を向けるだろう。と同時に、いいニュースは熱意をもかきたてるのである。

だから、あなたの家族に、いいニュースを伝えなさい。今あったいいことを話しなさい。面白いこと、楽しいことを話しなさい。不愉快なことなど忘れたままにしておけばいい。そんなことを伝えても何の意味もない。あなたの家族を悩ますだけだ。いいニュースをまき散らし、毎日、あなたの家庭に日光を入れるのだ。

天気についてもそうだ。暑いとか寒いとか、天気について文句を言う人をよく見かけるが、そんなことをしても、自分をみじめにするだけだ。子供たちを見習いなさい。彼らは、暑かろうが寒かろうが、そんなことはいっこうに気にしない。天気に文句を言う子などいないのだ。だから元気に楽しく飛び回れるのである。天気がどうあろうと、いつも楽しい気分で天気について話す習慣をつけることだ。

自分や家族にだけではなく、いっしょに働いている社員にもいいニュースを伝えることだ。会社がやっている積極的な面について話してあげることだ。彼らを励まし、ほめてあげることだ。彼らの問題を聞いてやり、手助けしてやることだ。彼らを勇気づけてやれば、彼らの信頼を得ることもできる。彼らの仕事について、肩をたたいて励ましてやるのだ。希望を与えてやるのだ。あなたが、彼らを信頼しているということ、仕事をやり遂げると信じていることを知らせてやることだ。彼らを悩みから解放してやるのだ。

いいニュースはいい結果を得る。いいニュースをひろめることは、あなたを活気づけ、気分よくさせるだけでなく、ほかの人をも気分よくさせるのである。

自分は重要な人物であるという態度を育てあげること

インドに住んでいようとインディアナポリスに住んでいようと、無学であろうが博学であろうが、また老人だろうと若者だろうと、とにかくすべての人間は、自分は重要な人間だと思いたいのである。

これは非常に大切なことだから、頭に入れておいてほしい。あなたも、あなたの妻も、あなたの隣人も、友人も、上役もすべて、自分は「ひとかどの人物」だと思いたいのだ。それが自然の欲求なのであり、人間のもっとも強力な、やむにやまれない欲望でもあるのだ。

腕のよい宣伝マンたちは、このことをよく知っている。だから次のような広告コピーで商品の売り上げを伸ばそうとする。「おしゃれな若い主婦向きの……」、「上品な趣味の方に……」、「最高級を望むあなたのために……」、「ご婦人からはうらやまれ、殿方からはほめられたいと思っていらっしゃるご婦人向き」などなどだ。これらはすべて「この商品をお求めになる方は、ひとかどの人物になれますよ」と言っているのである。人間は、名声、栄誉、人から認められることを切望しているものなのだ。

ということは、重要な人物でありたいというこの熱望を満足させることは、とりもなおさず、あなたを成功へと一歩すすめることにもなるということだ。それはあなたを成功させる基本的な道具の一つなのである。しかし残念なことに、この道具を用いている人は、極めて少ない。なぜなのか。それは、人間には尊厳があり、人間は重要な存在だと頭ではわかっていながら、現実的な場面においては次のように考えてしまうからだ。「この人は私のために何もしてくれそうもない。期待なんかできない。だからこの人は重要ではない」と。

多くの人の基本的な誤りは、まさにこの点にある。人は、その地位や収入には関係なく、あなたにとっては重要な存在なのだ。その理由は大きく言って二つある。

他人はあなたにとってなぜ重要か

数年前、私はデトロイト市で、仕事に行くのに毎朝バスを利用していたことがある。このときのバスの運転手は、老人で気むずかしい人だった。ほんの一秒か二秒遅れただけで、バスが無情にも発車してしまうのを、私は何十回となく、いや何百回も見たものだった。ところが、こんな思いやりのない運転手も、どういうわけか一人の乗客にだけは親切だった。彼のためにわざわざバスを止めて待っていることさえあったのだ。

なぜだったのだろう？　彼は毎朝「おはようございます」と心をこめてこの運転手に挨拶し

ていた。ときには運転手の近くに座って、「毎朝こんな渋滞の中を運転するのはたいへんですね。タフな神経が必要でしょう」とか「運転手さんの責任もたいへんですね」などと話しかけるのだった。この乗客は、バスの運転があたかも一八〇人乗りのジェット機のパイロットと同じ仕事だと思わせていたのである。それほど重要な人物だと思わせていたのだ。だからこそ、運転手はそのお返しに、この乗客に対しては親切にしたのである。

他人があなたにとって大切なのは、まず第一に、重要な存在なのだと思わせれば、あなたのためにいろいろなことをしてくれるからなのだ。

第二の大きな理由は、あなた自身も自分を重要な存在だと感じるようになるからだ。

私の事務所があるビルのエレベーター係の女性は、もう五〇歳代で、どう見てもあまり魅力的ではなく、しかもつまらなそうに仕事をしているように見えた。たぶん、誰かが自分に気づいてくれるなど、考えてもみなかっただろう。それほど目立たない、何百万人のうちの一人にすぎなかった。

しかしある朝、私は彼女が髪をセットしているのに気づいた。それほど素敵というわけでもなかったが、いつもよりはましだった。そこで彼女にこう話しかけてみたのである。

「Sさん、今日の髪は素敵ですね。とてもよく似合いますよ」

彼女は顔を赤らめて、「ありがとうございます」と答えたまではよかったのだが、もうすこしで、私が降りる階でエレベーターを止めるのを忘れるところだった。私のお世辞がよほどうれしかったのだろう。

次の朝、エレベーターに乗ると、驚いたことに彼女から「おはようございます、シュワルツさん」と挨拶された。これまで一度だって、誰かの名前を呼んだことのない彼女からこう言われたのである。そしてその後も、私の他に、彼女から名前を呼びかけられる人はいなかった。私は彼女に、彼女が重要な存在であると感じさせた。そのお返しに、今度は、私も重要な存在であると感じさせてくれたのである、

他人の協力を得るにはどうするか

次のことは、何度も繰り返し心に言い聞かせるべきだ。

成功するためには、あなたは自分が重要な存在であると感じなければならない。また、ほかの人もあなた同様、重要な存在だと感じさせてやるならば、そのことはあなたをさらに重要な存在とするだろう。

ではどのようにすればそれができるのか。その手順を次に示してみよう。

1――感謝の気持ちを示すこと

あなたのためにしてくれたことに対して、温かい、心からのほほえみで感謝の意を表しなさ

い。ほほえみだけではたりないと思ったら、はっきりと言葉に出して気持ちを表わすこと。あなたが感謝していることを、ほかの人に知らせるのである。

2——人びとをその名前で呼ぶこと

人間は、自分の名前で呼ばれるのが好きなのだ。

3——栄光を一人じめしないこと

ごく最近のこと、あるセールス・コンペに招待されたことがある。祝宴のあと、販売担当副社長が、年間の最高成績をあげた二人の支部長に賞品をわたし、各人一五分ずつのスピーチを求めた。

最初に挨拶に立った支部長は、わずか三か月前に支部長に任命されたばかりだった。だから、ほんとうなら成績のほんの一部にしか貢献していないはずなのだが、それでも自分がどのようにして好成績をあげたのかを説明しはじめた。

「私がその仕事を受けついでから、私はこれこれのことをしました」、「何もかも混乱の極にあったのですが、私がそれを整理して……」と、彼の努力だけが売り上げの増加をもたらしたという印象を与えようとした。話を聞いていた彼の部下のセールスマンたちの顔に、しだいに憤りの色が浮かびはじめた。売り上げ増加をもたらした彼らの仕事ぶりは完全に黙殺されてしまったのだ。栄光はすべて支部長個人の貢献のたまものとされてしまったのである。

二番目の支部長の話は、この男とはまったく対照的だった。まず最初に彼は、支部の成功はそれに携わった全セールスマンの熱心な努力のおかげであることを説明した。そして、セールスマンの一人一人に起立を求めてその努力に感謝を述べたのである。

両支部長の違いに注意してもらいたい。第一の男は、副社長の賞賛を一人じめしようとした。その結果、自分の部下たちを怒らせてしまった。彼らはやる気をなくしてしまったのである。これに対して二番目の男は、その賞賛を受けるのは部下たちがふさわしいという行動をとった。彼は、賞賛も、お金と同じく、投資することができることを知っていたのだ。

ほめることは力になるということを覚えておきなさい。上役からの賞賛は、投資しておくことだ。部下にその賞賛をゆずってやれば、彼らはそれに励まされて、もっと大きな成績をあげるようになるだろう。賞賛を部下に分け与えるならば、部下は上役が自分たちの価値を認めてくれていることを理解するはずである。

金をもうけようと思うのならサービス第一の態度をとりなさい

お金は、あなたの家族とあなた自身の生活水準を維持する力となる。お金は不運な人を助ける力ともなる。お金は人生を全うする手段の一つである。だから、金をもうけ、財産をつくりたいというのは、ごく自然な欲求で、むしろ望ましいことでさえある。

ただ困るのは「お金第一主義」によってお金をもうけようとすることだ。しかし見渡してみてもわかることだが、実は、「お金第一主義」でお金をもうけた人はまずいないといってもいいくらいなのだ。どうしてなのか。それは、「お金第一主義」の人たちは、お金を意識しすぎるあまり、お金というのはそれを生む種子をまかなければ手に入らない、ということを忘れているからである。

ではそのお金の種子とは何なのか。お金の種子とはサービスなのだ。だから「サービス第一主義」がお金を生み、財産をつくるのである。サービスを第一としなさい。そうすればお金は自然に集まってくるだろう。

ある夏の夕方のこと、私は車でシンシナティ市を走っていた。そろそろガソリンが無くなりそうだと思ったので、私は近くにあったガソリンスタンドに車を入れた。何の変哲もないガソリンスタンドだったが、なぜかひどく繁昌しているところだった。

そのわけはすぐにわかった。車にガソリンを入れ、フードの下をチェックし、フロントガラスをきれいにしてから、従業員がこう言うのである。

「失礼します。今日はほこりの多い日でしたね。フロントガラスの内側も掃除させてください」

そして、どこのガソリンスタンドでもまねのできないくらいすばやく、効果的にフロントガラスをきれいにしてくれた。

この小さな特別サービスは、夜のドライブの視界をよくしてくれただけではなかった。このガソリンスタンドの存在を私に印象づけたのだ。そのため、それから三か月の間に八回もシンシナティに通ったのだが、その都度、ここに立ちよった。そしてそのたびに、期待以上のよいサービスを受けたのだった。しかもこの期間に、ほぼ一〇〇ガロンものガソリンをこのガソリンスタンドから買ったのである。

最初に私が車を止めたとき、従業員はこう考えることもできたはずだ。「こいつはこの州の人間じゃない。だからここに寄るのは、一〇〇に一つもないだろう。だから、いつもやっているとおりにやる必要もない。手をぬいたってかまわないだろう。どうせ一回限りの客なんだから」と。

しかし彼はそのようなことは考えなかった。サービスを第一としたのである。他の店がさびれているのに、この店だけが繁昌しているのは、それが理由だった。サービスが利益となって還元されたのだ。

私が最初に訪れたとき、従業員がフロントガラスの内側をふいたのは、お金の種子をまいたことになるのだ。サービスを第一とすれば、お金は自然と集まってくるのである。

サービス第一主義の態度を身につける簡単な方法がある。それは、期待しているよりも多く、、、、、、、のものを人に与えることだ。小さな、そして余分だと思えることの一つ一つが、お金の種子なのだ。毎晩おそくまでがんばって、会社の苦境を助けるのが、お金の種子となる。お客に喜ばれるサービスをしたり、能率をあげるためのアイデアを考えるのもお金の種子なのである。

毎晩、少しの時間をさいて、自分に次の質問をしてみよう「どうしたら私は、期待されているよりも多くのサービスを与えることができるだろうか？」と。

サービスを第一としなさい。そうすればお金は自然と集まってくるものである。

あなたに成功をもたらす態度

(1)「私ははりきっている」という態度を育ててあげなさい。成果は、それに投入された熱意に比例して得られるものである。あなた自身をはりきらせるには、次の三つのことをすればよい。

① そのことをより深く研究すること。興味を感じないことであったら、それをもっと研究し、それについてもっとよく知ることである。そうすることによって、熱意が生まれる。

② すべてのことに活気を与えること。あなたのほほえみ、あなたの握手、あなたの話、あなたの歩き方にさえ、活気を与えるのだ。元気よく行動するのだ。

③ よいニュースをひろめること。悪いニュースをひろめて積極的なことをした人は誰もい

ない。

(2)「あなたは重要な人である」という態度を育てあげること。彼らに自分は重要な存在であることを感じさせれば、人びとはあなたのためにより多くのことをするだろう。次のことを忘れないことだ。

①　あらゆる機会に感謝の気持ちを示すこと。人びとに、自分は重要な存在なのだと感じさせなさい。

②　人びとをその名前で呼ぶこと。

(3)「サービス第一主義」の態度を育てあげ、お金が自然に集まってくるのを注目しなさい。人びとに期待以上のものを与えてやることを、あなたの原則としなさい。

第9章

人に好かれなさい

人から好かれる成功プログラム一〇の原則

成功を達成する基本的な原則

成功を勝ち取る基本原理、それは、成功はほかの人の支持によって得られる、ということである。

例えば、部長の指図がうまくいくかどうかは、彼の部下たちがそれを支持するかどうかにかかっている。部下が言うことを聞かなかったら仕事はとどこおる。その結果、社長は部下をうまく使えないこの部長をクビにしてしまうだろう。同じように、セールスマンが商品を売ることができるのは、それを買ってくれる人がいるからだ。そういう人たちに支えられているからセールスが成り立つのである。

「わかりました。私が考えている成功を達成するためには、他人の支持が不可欠であることはわかりました。しかし、どうやったらそのような支持を得られるのでしょう。いったい何をすればいいのでしょうか？」

と誰しも言うだろう。その答をひと言で言うなら、人びとに対して正しい考え方をせよ、ということである。そうすれば、人はあなたを好きになり、支持してくれるはずである。この章では、その方法を教えよう。

「人に好かれる」ことが出世の早道

会社でも何かの委員会においてでも、重要なポストの候補者は、明確な二つの要素によって検討される。第一は、その人の技術的背景はどうかということ。経験が豊富なのかどうか、成果は積み重ねられているかどうかということだ。第二は、その人の人柄だ。人とうまくやっていく能力があるかどうかということである。

ここが重要なところである。それは、人を選ぶ場合、少なくとも一〇中八、九までは、その人が「人に好かれる」かどうかが第一の問題とされるということだ。しかも圧倒的に多くの場合、技術的要素よりも「人に好かれる」要素にずっと大きな比重がかけられるのである。

より高い地位や職位には、自然と昇っていくのではなく、誰かに引き上げられ、取り立ててもらわなければならない。しかしこの多忙な世の中で、時間と忍耐を費やして、あなたの手を引いて一段一段昇らせてくれる人などいはしない。だから、だいたいは経験の有無や成果の良し悪しといった記録に頼り、それが人より優れている人が選ばれる。しかしその場合ですら、実際に取り立ててくれるのは、あなたを人に好かれる人物だとか、立派な人物だと思ってくれる人なのである。だからこそ、「人に好かれる」人物にならなければならないのである。

人に好かれるための一〇の方法

トップに昇りつめた人たちは、人にどう思われるのかとか、それをどう利用するのかというようなことについてはあまりとやかく言わないものだ。しかし実は、こういう偉大な人たちは、人に好かれるためのはっきりしたプランを持っているのである。ジャック・アンダーソンによれば、ジョンソン大統領は「人に好かれるための一〇の原則」を、いつも机の中にしまっておいたのだという。そしてこの紙片がいかにも擦りきれているように見えるところから、ジョンソン大統領はよくこれを利用していたのだろうと言っている。それを引用しておこう。

(1) 人の名前を覚えることに熟達しなさい。これがへただということは、その人にあまり関心がないということになる。

(2) あなたといるのが何の苦痛でもないような、おだやかな人物となりなさい。古帽子や古靴のような人物に。

(3) どんなことにも心を乱されないような、リラックスした、気楽な性質を身につけなさい。

(4) 自分をひけらかしすぎる人間になってはいけない。自分は何でも知っているぞという印象を与えないこと。

(5) あなたと交際すれば何か価値あることが得られるような、幅のひろい人物になるよう心がけなさい。

(6) あなたの個性から「不調和な」要素を取り除きなさい。たとえそれが無意識的なものであっても。

(7) 過去の誤解や、今持っているあらゆる誤解をなくすように、真剣に努力しなさい。

(8) 人を好きになりなさい。ほんとうにそうなるまで実行し続けなさい。

(9) 成功した人にはお祝いの言葉を、悲しんだり失望したりしている人には慰めの言葉をかけなさい。

(10) 人びとの精神的な力となってあげなさい。そうすれば彼らは、あなたを心から好きになってくれるだろう。

政界で、産業界で、あるいは芸術の世界や科学の世界で、トップの座にある人はみな、常に人間的であり、温かい人たちなのだ。彼らは、人に好かれる点においても専門家なのである。

友情を買おうとしてはいけない

友情は売り物ではない。例えば、友情のしるしとして贈り物をすることがある。その贈り物が真心に裏うちされているのなら、それはたいへんいいことだ。しかし、真心のこもっていない贈り物は、贈賄みたいなものだと言っていいだろう。

友情は決して買うことはできないのだ。あえてそれをやろうとすれば、結局は二つのものを失うことになる。

(1) 金をむだ使いする
(2) 相手の軽蔑を買うことになる

自分からすすんで友情を結びなさい

「友だちになりたいのなら、彼のほうから動くべきだ」、「彼らのほうからわれわれを訪問すべきだ」、「彼女からまず話すべきだ」などと思うことはよくあることだろう。しかし、友情というものは向こうから来るものだと考えているなら、決して多くの友人はつくれない。

事実、指導的な立場にある人ほど、人と知りあいになろうと進んで動き回る。今度、何かの集会などに出ることがあったら、よく観察してみるといい。もっとも活発に自己紹介して歩くのは、出席者のうちでもとくに重要な主賓たちだ。彼らは、あなたのところに寄ってきて手をのばし、「私はジャック・Ｒですが……」と自己紹介する。その様子を見ていればすぐに、彼らが重要な人物となった理由がわかるだろう。彼らは友情をつくるのに熱心だからそうなったのである。

これに対して「普通の人」は、すすんで自己紹介するようなことは決してしないものだ。自分からではなく、相手が自分に自己紹介するのを待っているのである。

しかし、臆病になってはいけない。自分からすすんでやってみるのだ。成功した人のようにやることだ。確かに見知らぬ人に話しかけるのは、勇気もいるし、場合によっては失礼なことかもしれない。しかし、話しかけられて怒る人などあまりいないのだ。しかも、何か気持ちのいい言葉でもかけてあげることができれば、相手は喜ぶし、自分自身も気分がよくなる。だから、大胆にやることだ。そうすれば、相手が誰であるかを知ることができ、同時に、あなたのことを相手に知ってもらうこともできる。

人の欠点を許す

最近のことだが、私は同僚といっしょに、あるメーカーのセールス担当者を選考する仕事を引き受けたことがある。その応募者の中に、テッドという男がいた。彼は知性もあり、見かけもよく、やる気十分と、なかなかいい素質を持っていた。しかし、どうしても不適格とせざるを得ない理由が一つあった。それは、ほかの人に対して完全さを要求するという欠点を持っていたのだ。

人が字を書き間違えたり、煙草の吸い殻をちらかしたり、着ているものの趣味が悪かったりすると、イライラしてしまうのだった。こまごました小さなことが気になって仕方がないのである。

テッドは、このような欠点があったために不採用になったことを知って、とても驚いたようだ。しかし彼はとても熱心な男だったので、どうしたらこの欠点をなおすことができるだろうか、とわれわれに聞いてきたのである。

そこでわれわれは、次の三つの助言をしたのである。

(1) どんな人も完全ではないということを認めること。人間というのは、ときにはミスするものなのだ。

(2) 人にはそれぞれその人独自のことをする権利があることを認めること。習慣があなたと違うからといって、あるいは、服や宗教や支持政党や自動車の好みが違うからといって、その人を嫌いになってはいけない。

(3) 人を改革してはならない。ある程度、人にはしたいことをさせておけばいいのだ。たいていの人は「君はまちがっている」と言われるのは嫌う。あなたにはあなたの意見を持つ権利はあるが、それを人に押しつけてはいけない。自分だけのものにしておいたほうがいいときもあるのだ。

テッドはこれらの忠告を忠実に守った。そのおかげで数か月後には別人のようになった。彼は人を、あるがままに受け入れるようになったのである。

「それだけではなく、誰もが完全無欠だったら、この世はどんなに味気ないものになるだろうということがわかったんですよ」

すべてがよいという人はどこにもいないし、また、すべてが悪いという人もいない。完全な人間など存在しはしないのだ。見方や考え方をちょっと変えれば、どんな人の中にも好きな点や敬服すべき特質を見いだすことができるのである。

心には二つのチャンネルがある

心には二つのチャンネルがある。チャンネルP（ポジティブチャンネル）とチャンネルN（ネガティブチャンネル）だ。

例えば、上役のヤコブ氏から仕事をチェックされたとしよう。彼はあなたの仕事を一応はほめてくれた。しかし同時に、改善すべき点についても指摘されたとしよう。そして夜になって、その日のこの出来事について考えたのである。

チャンネルNに合わせると、アナウンサーはたぶんこんな調子で話しかけてくる。

「ヤコブ氏は油断のならない人ですから、用心してください。あの人にはトゲがあります。ジョーがヤコブ氏についてあなたに言ったことを覚えていますか。ジョーはヤコブ氏にやられてしまったのです。そんな人の言うことなんか聞く必要はありません。彼に反抗しなさい。この次に呼ばれたら、食ってかかりなさい。いや、それまで待つ必要はない。明日でも彼のところへ行って、あの言葉はどういう意味なのかと問いただしなさい」

これに対してチャンネルPに合わせると、アナウンサーはこんなふうに言うだろう。

「あなたも知ってのとおり、ヤコブ氏はたいへん親切な人です。あなたへの助言も的を射たものでした。そのとおりにやれば、きっとよい仕事ができるでしょうし、よい地位にもつけると思います。あの人はあなたに好意を持っています。明日、彼のところへ行って、建設的な助言に対するお礼を言っておくことです。ビルもいつか言っていましたが、ヤコブ氏はいっしょに仕事をするにはとても大切な人です」

チャンネルNを聞いた人は、上役との関係をだいなしにしてしまうだろう。逆にチャンネルPに合わせた人は、上役からの助言を利益につなげ、同時に、彼の右腕的存在になっていくだろう。

心の連鎖反応をうまく利用する

心や考えは連鎖反応を起こす。例えば、ある政治家の言葉づかいが気に入らないという、小さな、何でもないことにとりつかれたとする。よくあることだ。そうするとたちまち、その人の政治的信念や宗教、あるいは彼の乗っている車、個人的な癖、挙げ句の果ては彼の奥さんまで気に入らなくなってしまう。言葉づかいとはまったく関係のないことにまで発展して、それらの事柄について消極的にしか考えられなくなってしまうのだ。

だから、あなたのチャンネルをよく管理しておくことが必要になる。誰かのことについて考えるときには、チャンネルPに合わせるように心がけるのだ。そして、チャンネルNが入りこみそうになってきたなら、すぐさまスイッチを切ってしまおう。再びスイッチを入れるときには、その人についての何か積極的なことを、一つでもいいから考えるようにする。そうすれば、連鎖反応はプラスの方向へとあなたを導いてくれるだろう。

他人の悪影響を避ける方法

ところで、一人でいるときには、チャンネルの切りかえは自分で決めることができるが、誰かと話しているときはそうはいかなくなる。相手があなたのチャンネル権を握っていることはよくあることなのだ。そして、一つの考えは、同じような考えを生みだすものなのである。だから、誰かの否定的な意見を聞くと、あなたもその人に対して否定的に考えてしまうという危険はいつもある。何か防御策を講じておかないと「そうなんですよ、実は昨日もあの人はこんなことをして……」と、否定的で悪い面ばかりが強調されることになってしまう。

ほかの人にあなたのチャンネルをコントロールされないためには、二つの方法がある。一つは、誰かが何かについて悪口を言おうとしているのがわかったなら、「申しわけない、ジョンさん。それはそれとして、ちょっとお聞きしたいことがあるのですが」と、できるだけすばやく、しかも目立たないように話題を変えることだ。もう一つの方法は「もうおそいですから失礼します」とか、「人に会う約束がありますので、ほんとうに申しわけありませんが」などと言って逃げ出すことである。

あなた自身と、次のような力強い約束をすることだ。人が、あなたに偏見を抱かせるようなことは拒否しよう。常にチャンネルPを聞くことを心に銘じておこう。

会話を人にゆずることの利点

私の経験と観察で言えば、自分のことをよく話す人と、成功した人とが同一人物であることはめったにないのである。たぶんほとんど例外なく、その人の成功が大きければ大きいほど、彼は会話を人にゆずるように心がけている。自分のことをあれこれ話すのではなく、話し相手に、その人の意見、業績、家族、仕事、問題点などを話させているのである。

会話を人にゆずることは、成功への道を切り開く二つの重要な要素を含んでいる。

⑴　会話を人にゆずることは、友人をつくる。

⑵　会話を人にゆずることは、相手の多くのことを知るのに役立つ。

ニューヨークのある広告代理店は、広告のコピーを作成するのにちょっと変わったやり方をしていた。ここでは、毎年一週間、コピーライターに店のカウンターのうしろに座ってもらうのである。そして、製品について、人びとがどう言っているのかを聞いてもらうのだ。人びとの話を聞くことによって、コピーライターは、より効果的なコピーを書く手がかりをつかむのである。

あるいはまた、会社によっては、会社を辞めた社員たちと定期的な話し合いをしているところがたくさんある。社員が会社にもどるように説得するためではない。その目的は、彼らが辞めた理由を聞きだすことにあるのだ。そうすることによって、社員どうしの関係に改善すべき点があったら改善しようというのである。人の話を聞くことは、こういった点でも重要なことなのである。

会話を一人じめするような人になってはいけない。人の話を聞くことによって、友を得、人間について学びなさい。

知らない人に親切にしてあげることの効用

ある朝、シカゴのミッドウェイ飛行場から、友人の車でビジネス会議の会場まで乗せていってもらったことがある。途中、友人は二度も、駐車している車が車道に出やすいように車をいったん止め、先をゆずってあげていた。三度目のときに私は、「おやおや、親切クラブの会員にでもなったのかね？　君みたいに親切な人は見たことがないよ」と笑いながら言ったのである。すると友人は、ほほえんでこう答えた。

「私はなにも、あのドライバーたちから親切にしてもらいたいと思ってやっているのではないのですよ。でも、ちゃんとお返しはもらっています。あの三人のドライバーを車道に出してあげるのには、ものの四、五秒ぐらいしかかかりません。けれども、この四、五秒で、私はとてもよい気持ちになります。親切にしてあげることは、私が平静な心でいるのにとても役立つのです」

うまいことを言うものだ。知らない人に親切にしてあげることも、十分引き合うことなのだ。いい気分になれれば、それがあなたの仕事やあなたのすべてのことにまで反映するのである。

人を正しく判断しているかどうか、正しく見ているかどうかは、物事がうまくいかなかったときに試される。昇進を逃したとき、あなたはどう思うだろうか？　担当した仕事を批判されたとき、あなたはどう思うだろうか？　このようなとき、正しく考えられるかどうかが大切なのである。

次のことをよく覚えておくことだ。何かを失ったときにどう考えるかが、失ったもの、欲するものを手に入れるまでの時間を決めるのである。

USスチールの会長だったベンジャミン・フェアレス氏の言葉を聞いてみよう。

「物事が思いどおりにいかなかったときにはどうするか。それは、あなたがその物事をどう見るかにかかっている。例えば、私だって、ほかの生徒と同じように先生から罰を受けたことはある。しかしそんなときでも、一度だって私は先生を恨んだことはない。罰を受けるような悪いところが自分にあったのだろう、と考えたものだ。会社でも私は、上役だった人はみな好きだった。いつも彼を喜ばせよう、彼が期待している以上のことをしようと努めてきた」

「昇進したかったのに、誰かにその地位をさらわれたら、私だってがっかりする。しかしそのことを、派閥の犠牲だとか、上役の偏見だとか、あるいは判断の誤りだなどとは決して考えない。腹を立てたり、すねるのではなく、なりゆきを推理してみるのだ。すると、昇進した人のほうが、私より適していたことがわかってくるものだ。そうすれば、次の機会に自分が選ばれるためにはどうすればいいのかを知ることができるだろう。地位を得なかったことについて自分に腹を立てるような暇はないし、自分を責める時間を浪費するときでもないはずだ」

あなたも、物事がうまくいかないときには、ベンジャミン・フェアレスのことを思い出すことだ。そして、次のことをするのである。

(1) 自分に次のように聞いてみる。「この次の機会に自分が選ばれるためには、何をしたらいいのだろうか?」

(2) がっかりして時間とエネルギーを浪費しない。自分を責めたりはしない。次回に勝つプランをたてる。

まとめ――次のことを実行しなさい

(1) 人から引き上げてもらえるような人間になりなさい。人に好かれる人物となりなさい。そうすれば、人びとの支持を集め、あなたの成功プログラムは一気に進むだろう。

(2) すすんで友情をむすびなさい。あらゆる機会を利用して自己紹介をしなさい。相手の名前をすぐに覚え、相手にも自分の名を覚えてもらうようにしなさい。

(3) 人にはそれぞれ違いがあり、できること、できないことがあることを知りなさい。誰もが完全だと思ってはいけない。ほかの人にも、違ったことをする権利があることを覚えておきなさい。他人を改革するような不遜な人間にはならないこと。

(4) よい考えを放送する、チャンネルPをまわしなさい。相手の嫌いなところではなく、好きなところ、賞賛すべきところを見つけなさい。ほかの人によって、あなたの考えをゆがめられないようにすることだ。相手に対して積極的な考えを持てば、積極的な結果が得られる。

(5) 会話を人にゆずるようにしなさい。成功した人たちのやることをまねることだ。つとめて相手に話させなさい。相手の人に、その見解、意見、彼のしたことを話させなさい。

(6) どんなときでも親切を旨としなさい。そうすることは、相手にいい感じを与え、同時にあなたもいい気分になれる。

(7) あなたが置き去りにされたとしても、ほかの人を責めないこと。何かを失ったときにどう考えるのかによって、それを手に入れやすくなるかどうかが決まる、ということを覚えておきなさい。

第10章 行動する習慣をつけなさい

まず行動を起こせ。考えるだけでは何もできはしない

「考えるだけでは何もできはしない」

世の中にはさまざまな能力を持った人がいるが、成功するためには、どうしても欠かせない能力がある。それは、物事をなしとげる能力、成果をあげる能力である。

事業を経営するにせよ、セールスをするにせよ、会社に勤めるにせよ、とにかくあらゆる職業に必要なのは、行動することだ。だから、会社で重要な地位につく人間かどうかは、次のような見方で判断される。「彼は仕事をやりとげることができるだろうか?」、「彼はセルフスターター（すすんで仕事をする人）だろうか?」、「彼は成果をあげ得るだろうか、それとも単なるおしゃべり屋にすぎないのか?」。これらはすべて、あなたが、行動の人であるかどうかを見極め

るためになされるのだ。

アイデアがいくらすばらしくても、それだけでは十分ではない。たった一つのアイデアでも、それが実行されるのなら、実行されずに捨てられてしまう多数のアイデアよりも、すぐれているのである。

独立独行の偉大な商人ジョン・ワナメーカーは「考えるだけでは何もできはしない」と口癖のように言っていた。この言葉を肝に銘じておくことだ。人工衛星からベビーフードまで、あらゆるものが、実行されたアイデアの産物なのである。

あなたは積極派か、それとも消極派か？

人には二つのタイプがある。積極派の人間と消極派の人間だ。積極派は実行家だ。行動を起こし、物事をなしとげ、アイデアやプランを実行に移す。これに対して消極派は〝不実行派〟だ。それはすべきでない、あるいはすることができないと考える。そしてとうとう手おくれになると気づいて、やっと何かに着手しようとするようなタイプだ。例えば、積極派は、旅行を計画すると、それを実行に移す。ところが消極派は、旅行を計画しても、それを何やかやと理由をつけて翌年まで延ばしてしまう。

積極派の人は、自分がしたいと思うことを実行する。そしてその副産物として、信頼と安定した気持ちと、自信と収入の増加とを得るのである。ところが消極派は、行動しないために、したいと思うこともできなくなってしまう。そしてその副産物として、人の信頼を失い、自信をなくし、平凡な生活に終ってしまうのである。

そうであれば、だれでも積極派になりたいと思うだろう。それなら、行動する習慣を身につけることだ。

しかしどうして消極派の人は行動できないのだろうか。それは、消極派の人の多くが、行動に移る前に、すべてのことが一〇〇パーセント都合よくなるまで待とうとするからだ。確かに完全な状況というのは望ましいことだろう。しかし、人間がすることに、絶対に完全なことなどありはしない。だから、完全なコンディションになるまで待とうというのは、永久に待つのと同じなのである。

次に、二人の人間がそのようなコンディションにどう対応したかを見てみよう。

第一のケース――J・Mはなぜ新しい家に住めたか

J・Mは、他の若者たちとほぼ同じような生活を送っていた。二〇歳代で、妻と子供があり、ごくささやかな収入で、小さなアパートに住んでいた。そのため彼ら夫婦は、もっと広く、環境的にも安全で、子供の遊ぶ場所のある新しい家がほしかった。

しかし、新しい家を買うには、頭金が必要で、二人にはそれだけのお金がなかったのである。

ある日J・Mは、小切手に翌月分の家賃の金額を書きながら、あることに気がついた。それは、新しい家を購入したときのローン返済額と同じくらいの家賃を毎月払っていたということだ。こんな馬鹿げたことはないとJ・Mは思った。そこで妻を呼んで「来週新しい家を買おうと思うがどうだろう?」と言ってみた。案の定妻は「冗談でしょう? そんな頭金どこにあるのよ。とてもできない相談だってわかっているくせに」と不満そうに言うだけだった。

「われわれと同じように『いつかは』新しい家を買いたいと思っている夫婦は世の中に大勢いる。だけど、それを実行するのは、その半分もいないんだ。いつも、何かがネックになる。私たちの場合には頭金だ。だけど、そのうちきっと、頭金をつくる方法を思いつくはずだ」

J・Mの決心は堅かった。次の週に彼ら二人は、気に入った家を見つけた。あまり立派ではないがなかなかいい家で、しかも頭金が一万二〇〇〇ドルで買えるのだった。だが問題はやはり、この一万二〇〇〇ドルの頭金をどうやってつくるかだ。J・Mには普通の方法では借りられないことはわかっていた。

しかし、意志あるところ道ありで、突然J・Mに妙案が浮かんだのである。それは、頭金の一万二〇〇〇ドルを分割払いにしてもらえるかどうかを建築主にかけあってみるということだった。J・Mはさっそくこの案を持ちかけた。しかし建築主は首をタテに振らなかった。だがJ・Mはあきらめなかった。そしてとうとう建築主は、毎月一〇〇〇ドルに利息をつけて返済するという条件で、承知してくれたのである。

次にJ・Mのしなければならないことは、毎月一〇〇〇ドルというお金をひねり出すことだった。夫婦は額を集めて相談したあげく、家計をきりつめれば、何とか二五〇ドルは浮かすことができるという結論に達した。しかしそれでもまだ、七五〇ドル不足するのだ。

そこでJ・Mは別のアイデアを考えだし、翌朝、社長に面会を求めたのである。そして、彼のやろうとしていることを説明した。社長は、J・Mが新しい家を買うことを喜んでくれた。そこで彼はこう切り出した。

「社長、この計画では、私は毎月七五〇ドルよけいに稼がなければなりません。そこでお願いなのですが、週末にも何か仕事をさせてもらえないでしょうか。もちろん必要があればですが、週末でなければできない仕事があるはずです。私にそれをやらせてほしいのです」と。

社長は、J・Mの熱心さとまじめさにたいへん心を動かされた。そして、毎週一〇時間余分の仕事をすることを許可してくれた。こうしてJ・M夫妻は、新しい家に引っ越したのである。

(1) 行動すると決心したことが、J・Mの心に、その目標を達成するための方法を考えださせた。

(2)　J・Mはこのことによって、大きな自信を得た。そのため今後、より重大な情況に直面しても、彼は行動を起こすことができるだろう。

(3)　もし彼が、新しい家を買うためのコンディションが完全に整うまで待っていたとしたら、おそらく一生かかっても自分の家は持てなかっただろう。

第二のケース——C・Dは自前の商売を始めようと思ったのだが…

C・Dは郵政省関税局の職員だ。彼はこの仕事が好きだった。しかし五年も勤めると、決まりきったお役所勤めにいや気がさしてしまった。収入も昇進の機会も少なく、年功序列。それに仕事は重苦しく、変化も面白みもなかったからだ。そこで彼は、あることを考えた。それは、輸入業をやってみるということだった。それまでに、輸入業者としてやっていくためのノウハウはいろいろと身につけていたので、値段の安いギフト商品や玩具を輸入する仕事を始めればうまくいくのではないかというのが彼のアイデアだった。しかも、C・Dは、貿易の知識がなくても成功している輸入業者をたくさん知っていた。だから自分ほどの知識があれば、成功する可能性は大きいと思っていたのだ。

しかし、どういうわけか、この商売を始めようと決心してから、すでに一〇年以上がたつにもかかわらず、彼は依然として関税局で働いているのである。

なぜなのだろうか？　彼がいざ独立しようとすると、決まって何か問題が発生したのだ。資金がないとか、不景気だとか、赤ん坊が生まれたとか、輸入制限が強化されたとか、彼の行動を思いとどまらせるようなことが起こったのだ。そしてその都度、彼はそのことを口実にして、役所を辞めなかったのである。

しかし実際には、C・Dが消極派の人間だったために、新しい商売ができなかったというのが真相である。彼は、行動を起こす前に、諸々の情況、周囲を取りまくコンディションが完全であることを望んだ。だが、コンディションが完璧であることなどあり得ない。だから彼は、いつまでたっても行動できないでいたのである。

問題や障害にどう向きあうか

次にあげたのは、コンディションが完全になるまで行動しない、というあやまちを正す方法である。

1――未来の障害や困難を覚悟しておくこと

何事にも、危険や問題、不安定といった要素はつきものである。シカゴからロサンゼルスまで車でドライブするのに、自動車事故もなく、天候も悪くなく、酔っぱらい運転をする奴もおらず、どんな危険もない絶対に安全な状態が保証されるまで待とうとしたら、どうなるだろうか？　絶対に出発できないだろう。それと同じことだ。できるだけ危険を少なくすることを考えるのは必要だが、あらゆる危険をなくそうとするのは、できない相談だ。

2——問題や障害は、起こったときに処理すること

たとえ判断能力があったとしても、それが、あらゆる問題点をなくしてから行動を決めるような能力なら、成功はおぼつかない。成功は、困難が発生した場合、その解決策を生みだす能力によってもたらされるのである。

アイデアはそれを実行して初めて価値を生む

アイデアが浮かんだら、それを実行することだ。

アイデアは確かに重要だが、それだけでは十分ではない。それが実行されて初めて価値あるものとなるのである。実行するのを恐れたばかりに、毎日何千といういいアイデアを腐らせてしまっているのだ。

次の二つのことを心に深く刻みこんでほしい。

第一は、それを実行することによって、あなたのアイデアに価値を与えること。アイデアのよし悪しに関係なく、そのアイデアで何かをしないかぎり、あなたは何の得るところもないの

だ。

第二に、アイデアを実行して心の平静を得ることだ。

この世でもっとも悲しい言葉は「そうすればよかった」という言葉だと言った人がいる。あなたも毎日のように次のような言葉を耳にするだろう。「○年のあのとき、この商売を始めていれば今ごろは大成功したのだがなあ」とか「そうなる予感は持っていたんだよ。やっていればよかったなあ」などだ。たとえいいアイデアだったとしても、それが実行されなければ、後々はげしい精神的苦痛を生む。実行されれば、大きな精神的満足を生むのはもちろんだ。いいアイデアが浮かんだら、さっそくそれを実行してみることだ。

恐怖を克服するにはまず行動すること

次のことは、ぜひとも覚えておいてもらいたい。それは、行動することは自信を育て、それを強化するが、行動しないことは恐怖を育てるということだ。恐怖と戦うためには、行動あるのみなのである。

パラシュート部隊を訓練する兵士が次のように言っているのを聞いたことがある。

「飛行機からジャンプすることそのものは、そんなにいやなものではありません。いやなのは、ジャンプするまでの待ち時間なのです。ですから、なるべく早くするように工夫したものです。

それでも臆病風におそわれて飛べなかった者もいます。次回このようなことになれば、彼は落下傘兵としては落第です。ですから、そういう者から先にジャンプさせます。時間を先に延ばせば延ばすほど、恐怖心が大きくなっていくのです」

どんな種類の恐怖でもそうなのだが、恐怖を克服する方法は、行動することなのだ。電話のベルが鳴るのが恐ろしいのなら、あえてそれを鳴らすのだ。そうすれば不安は消えてなくなる。避けるから、不安はまた大きくなっていくのである。

悪い病気なのではないかと考え、医者の診察を受けるのが怖いのなら、すすんで行ってみるのだ。そうすれば、悩みは霧のように消えてしまうだろう。ほんとうはどこも悪くないかもしれないし、悪いとしてもどの程度のものなのかが早くわかる。いつまでも診察を受けずにいると、しまいには、その恐怖心のために病気になってしまうことさえあるのだ。

自信を持ちなさい。行動することによって恐怖をなくしなさい。

あなたの心のエンジンを機械的にスタートさせなさい

ある売れっこ作家が、ベストセラー本を書く秘訣を教えてくれた。

「私は『心の力』のテクニックを用いることにしているのです。まず、守らなければならない締切日を決めてしまいます。そうすると、精神が動き出すのを漫然と待ってはいられなくなります。私のほうで精神を動かさなければなりません。どんなことをするのかって？　まず、机の前に座ります。そしてペンをとり、ただ機械的に書き始めるのです。何でもいい。いたずら書きでもいいから何かを書いてみることです。こうして指と腕とを動かしていると、遅かれ早かれ、それとは気づかないうちに、私の心は正しい軌道に乗って活動し始めているのです。もちろん、書く前に、突然アイデアが浮かんでくることもあります。しかしこれは、もうけものみたいなものなのです。いいアイデアのほとんどは、実は仕事を始めることから浮かんでくるのです」

何事も一人で動き出すものではない。何かが動き出すためには、その前に行動がなければならない。それは自然の法則なのである。セントラルヒーティングを使う場合にも、あらかじめ温度を調整しておく（すなわち行動を起こすこと）必要があるだろう。心の場合にも同じなのだ。あなたの心にギアを入れなければならないのである。

ある訪問販売会社の若い支部長の話である。

「戸別訪問をするセールスマンには、さまざまな苦労があります。例えば、ベテランのセールスマンでさえ、朝の第一回目の訪問はつらいものです。ひょっとすると、朝っぱらからひどい扱いを受けかねないですからね。そこで、朝はとかくぐずぐずして、出発を遅らせようとするものなのです。コーヒーを二、三杯よけいに飲んでみたり、しばらくそのへんをうろついてみたりと、最初の訪問を引き延ばすためのこまごまとした細工をやるわけです。経験した人もいるでしょう」

「そこで私は、新人たちにはまず、出発する唯一の方法は出発することだ、と言っているのです。ぐずぐずしてはいけない。出発を遅らせてはいけない。お客様の家の前に車を止め、商品見本の入った鞄を取り上げ、玄関に歩いていきなさい。ベルを押しなさい。ほほえみなさい。『おはようございます』と言いなさい。そして商品説明を始めなさい。これらのことを、あまり考えずに、すべてを機械的にやりなさい、と教えています。最初の訪問をこのようにやり始めれば、やがて氷がとけてくる。そして二度目か三度目の訪問の頃には、心はシャープに研ぎすまされ、商品説明もスムーズに効果的にやれるようになるだろう、と」

あるユーモア作家が、人生でもっとも難しいことは、暖かいベッドから冷たい部屋に起きて行くことだ、と言ったことがあるが、まさしく言い得て妙だろう。長く寝床に入っていればいるほど、そして、起きるのがどんなにつらかろうと考えれば考えるほど、ますます起きられなくなるのだ。これを脱するには、蒲団をはねのけて床に足をつけるという機械的な行動あるのみなのである。

精神を始動させる二つの方法

問題は明白だ。事をなしとげる人は、精神が彼らを動かすのを待ちはしない。自分で精神を動かすのである。

そのためには、次の二つの練習をやってみることだ。

(1) いやな仕事や家庭の雑事をやるのに、機械的な方法を用いること。その仕事がいやだなあなどとは考えず、まずその仕事に飛びこみ、ぐずぐずしないでやってみるのである。

(2) 次に、アイデアを考えたり、計画を立案したり、問題を解決するなど、精神的作業を必要とする場合にも、機械的方法を用いるのである。精神があなたを動かすのを待つのではなく、まず机に向かい、あなたの精神を動かすのである。

そのためには、鉛筆と紙を使おう。安物の鉛筆が、お金で買うことができないほど高価な精神集中の道具となる。紙の上に何かを書くとき、あなたの全注意力はその考えに集中される。そして、あなたがそれを紙に書いているとき、あなたの心にもそれを「書いて」いるのである。

紙と鉛筆を使ったこの精神集中の技術をマスターすれば、ざわついた中でも、また気を散らすような環境においても、考えをまとめることができるようになる。だから、考えたいと思ったときには、いたずら書きでも何でもいいから、とにかく書いてみることだ。それがあなたの精神を動かすすばらしい方法なのである。

「今」という言葉と「いつか」という言葉の違い

ビルの収入は手取りで月五〇〇〇ドルだったが、ビルと妻のジャネットは毎月これを全部使っていた。二人とも貯蓄しようという気はあったのだが、いつもそれを始められないでいたのである。長年の間、彼らは「昇給したら貯蓄を始めよう」とか「ローンが終ったら」とか「この苦境を切り抜けたら」、「来月から」、「来年から」などと言ってきた。しかし実現しなかったのだ。

とうとうジャネットはそんな自分たちにいや気がさしてきた。そこでビルに「ねえあなた、いったいいつになったら貯蓄できるの？」と問いつめた。「もちろんそうしたいさ。しかし、君もわかっているように、今はどこからもそんな金が出てこないんだよ」。ビルの答はいつものとおりだったのだ。

しかし今回のジャネットは、いつもとは違った。やりぬこうと決めていたのだ。「わたしたちは長年の間、貯蓄計画を実行しようと言いあってきたわよね。でも、今もって貯蓄できないのは、それができないと思うからできないのじゃないかしら。これからはできると考えることにしたらどう？　今日見た広告に、毎月五〇〇ドルずつ貯めていくと、一五年後には九万ドルの元金と三万三〇〇〇ドルの利息がたまると出ていたわ。それに、使ったあとに残った金額を貯めるよりも、貯める金額をまず決めて、残りを使うほうが貯蓄はやりやすいと書いてあったわ。あなたにその気があるなら、これからは、まずお給料の一〇パーセントを貯金することから始めましょうよ。たとえ月末にはビスケットと牛乳だけの生活になったとしても、やるだけはやってみましょうよ」

ビルとジャネットは数か月間は苦しい生活だった。しかしやがて、新しいこの予算生活にも慣れてきた。そして今では、貯蓄に金を「使う」のが、とても楽しくなっているのである。

ベンジャミン・フランクリンの次の忠告を、あなたの生活に活かすことだ。

「今日できることは明日に延ばすな」

今すぐという考えは物事をなしとげる。しかし、いつか、いずれという考えは、たいていは失敗と同義語だということを忘れないことである。

進取の精神の力

ある機械メーカーの重役が、販売幹部のグループを前にして、こう言ったことがある。

「われわれが欲しいのは、健全なアイデアを出し、それを押し進めていく人物だ。生産の仕事にしろ、マーケティングの分野にしろ、改善の余地はたくさんあるはずだ。発展的な会社がそうであるように、われわれも、さまざまな改善をし、新しい製品、新しい市場を開拓しなければならない。そのためにはイニシアティブ（進取の精神、独創力）を持った人間が必要なのだ。

そういう人間こそがチームの中心になる」

イニシアティブをもった人間は、どんな事業や職場においても、最高給を取ることができるのである。このようなイニシアティブの力を知るいい例がある。ある中規模の製薬会社で市場調査部長になった人の話だ。

「五年前のことですが、私は一つのアイデアをつかみました。当時私は、問屋まわりの一種の販売促進員として働いていたのですが、このとき、どうもわれわれには、わが社の薬品を買ってもらいたいお客様についての情報が少なすぎると気がついたのです。そこで私は、わが社の全員に、市場調査の必要性を訴えたのですが、最初はまったく聞いてもらえませんでした。経営陣にはその必要性が理解できなかったのです」

「けれども、私は市場調査の必要性について確信を持っていたので、何とかこの難局を乗り越え、理解してもらえるよう努力しました。まず『薬品市場情報』という日刊の報告書を作成する案を出し、その許可をとりました。そして、できる限りの情報を集めたのです。続けているうちに、経営陣もほかのセールスマンたちも、私のやっていることに興味を示しはじめました。そして、この調査の仕事を始めてからちょうど一年後、販促の仕事をやめて、調査活動に専念するように言われたのです。その後は順調にアイデアを発展させ、今では、二人の助手と一人の秘書を使うようになっています。収入も五年前の三倍に増えています」

イニシアティブを身につける二つの方法

イニシアティブを身につける練習法を次に紹介しよう。

1——改革運動者になること

あなたの会社で、新しい製品を出すべきだとか、新しい部をつくるべきだとか、あるいは、何かほかの方法をとるべきだと思うようなことがあったら、それを提案して実現できるよう努力することだ。すべての改革運動は、はじめはたった一人から始まるかもしれないが、アイデアがよければ、やがてはたくさんの人たちに支持されるようになるだろう。

積極派になりなさい。そして改革の先頭に立ちなさい。

2——志願兵になること

たとえ何かの活動をやろうと考えていても、多くの人はあえてやろうとはしない。なぜなのだろうか？　それは、恐れのためである。といっても、やりとげることができないかもしれないという恐れではなく、同僚や周囲の人が何というだろうかと恐れてできなくなるのだ。笑われはしないか、点取り虫と言われはしないか、ごますり人間と思われないだろうか、誰かから抗議を受けはしまいかと恐れるのだ。しかし、考えてみよう。嫉妬にかられてあなたを笑い者にするような人たちにもよく思われたいのかどうか、と。あるいは、物事をすすんでやる発展的な人たちの仲間になりたくはないのか、と。答は明らかだ。

何事につけ志願兵は目立つものだ。特別の注目を浴びる。しかし重要なのは、自分には特別な能力と意欲があることを示すことなのだ。

会社でも軍隊でも、その他の団体でも、そこの指導者のことを考えてみればいい。十中八、九まで、彼らは積極派だ。物事を実行する人たちである。ぐずぐずしている人や物事の外側に立って眺めている人、消極的な人は決して人を指導することはできない。行動を考える人、実行力のある人は、人を従わせるすべも心得ているものなのである。

行動する習慣を育てなさい

次のことを実行しなさい。

(1)「積極派」になりなさい。物事を実行する人になりなさい。

(2) コンディションが完全になるまで待っていてはいけない。完全などということはあり得ないのだ。障害や困難が出てくることは承知の上で実行し、それらが出てきたらその場でそれを解決しなさい。

(3) 恐怖をなくし、自信を得るためには、行動することだ。恐れていることを行えば恐怖は消えてしまう。

(4) 心のエンジンを機械的にスタートさせなさい。精神があなたを動かすまで待たないことだ。行動し、突っこんでいけば、あなたが精神を動かすようになるだろう。

(5) 今という言葉を考えなさい。明日、来週、あとでという言葉は、失敗と同義語であることが多い。

(6) 急いで仕事にとりかかりなさい。準備に時間を浪費しないことだ。それよりも、行動を開始することだ。

(7) イニシアティブを発揮しなさい。改革運動者となりなさい。ボールをつかんで走り出しなさい。志願兵となりなさい。物事をする能力と意欲を持っていることを示しなさい。

ギアを入れて、前進だ！

第11章 敗北を勝利に転じなさい

解決できる道は必ずあることを信じよう

敗北に対する三つの反応

貧民窟におちこんだ気の毒な人たちにも、いろいろな人がいる。驚くほど若い人もいれば、年とった人もいる。大学を出た者も少数ながらいるし、無教育な者ももちろんいる。結婚している人もいれば未婚の人もいる。年齢も信教も、教育程度も経歴もさまざまだ。しかし、ただ一点、共通していることがある。それは、誰もがうち負かされ、うちひしがれているということだ。誰もが何かに征服された情況に置かれているのである。

このような貧民窟からはい出て、もう少し上のほうを見てみよう。するとそこには、平均的アメリカ人の居住地が広がっている。そこでの生活は、貧民窟の生活とは明らかに違っている。

しかしここにもまた、貧民窟の人たちと同じような現象が見てとれるだろう。ここに住むのは、平凡なアメリカ人だが、彼らも心の中では敗北を感じているのである。彼らは、情況にうち砕かれ、いやされざる傷を受けてしまっている。そのため今では、非常に用心深くなり、現在の情況に不満を抱きながらもこつこつと働いている。負けたのだと感じながらも、その非運に必死になって耐えようとしているのだ。これが平均的なアメリカ人の姿なのである。

さてそれでは、もっとずっと上のほうに登って、成功した人たちの世界をのぞいてみよう。ここにもさまざまな経歴の人たちがいる。会社幹部、著名な牧師、高級官僚といった、あらゆる分野のトップの人たちが顔を出す。なかには貧しい家の出身の人もいれば、富裕階級の出身者もいる。そしてこれら各界で指導的な立場にいる人はみな、考え得るあらゆる困難を克服してきた人たちなのである。

三つの階層、つまり、貧民窟の人たち、平凡なアメリカ人、そして成功した人たちは、年齢においても、知性や教育、経歴などを比べてもそこに大きな差異はない。ただ一つの例外を除けば、あらゆる点でこれといった相違を認めることはできないだろう。ただ一つの例外、一致が認められないただ一つの点、それは、敗北に対する反応の仕方なのである。

貧民窟の人たちは、一度ノックダウンされると、再び立ち上がれなくなる。長々とそこに横たわってじたばたするだけだ。平凡な人たちは、膝までは立ち上がる。そして人の見ていないところまで這いつくばって進み、二度とそのような目にあわないようにと大急ぎで反対方向に逃げこんでしまうのだ。

これらに対して、成功した人たちはまったく違った反応をする。ノックダウンされてもそれに耐え、そこから教訓を学び、痛みを忘れて前進するのである。

不遇によって鍛えられた人たち

私の親しい友人に、とても成功した経営コンサルタントがいる。彼の事務所に入った人は、その豪華さにきっとびっくりするに違いない。みごとな備品やじゅうたん、忙しそうに働いている人たち、そして、ひと目で重要な地位にいるとわかる顧客たち。すべてが会社の繁栄を物語っているのである。

「その人が特別な人だったからさ」と言う人がいるかもしれない。しかし彼は何も特別な人ではなかった。金持ちでもなかったし、特に運のいいほうでもなかった。成功したのは、彼が、決して敗北したとは考えない不屈の人間だったからなのだ。

成功の裏には、繁栄を戦いとった男の知られざる物語があるのだ。仕事を始めて半年もたたないうちに、一〇年間働いて貯めた貯蓄を全部使いはたしてしまったこと。アパートを借りる金がなく、何か月か事務所で生活したこと。自分のやりたいことを実現したいばっかりに、よい就職先をいくつも断らなければならなかったこと。そして客からも断られ続けてきた男のドラマである。

しかし、成功するまでの七年間、信じがたいほど苦しんだ七年間、私はこの友人から不平を聞いたことは一度もなかった。彼はいつもこう言っていたのだ。

「ダビッドさん、私はいつも学んでいるんですよ。この世界は競争が激しいですからね。それに、私が売る商品は形のない商品ですから、もともと売りにくい。だからいろいろと学ばなければなりません。しかし、売り方がだんだんわかってきたように思います」

そしてとうとう実現してしまったのだ。

あるとき、彼に、あの苦しい経験で、失ったものも多いのではないかと聞いたことがある。

すると彼はこう答えたものである。

「いいえ、失ったものなど何もありません。私には得たものばかりでした」と。

紳士録にのっているような、成功した人たちは、不遇な境遇に耐え、そのことによって鍛えられてきたのである。偉大な人の伝記や自伝を読めば、彼らがいく度も失敗し、いく度も敗北や落胆、不運に出会っていることがわかるだろう。

失敗から学びなさい

難しい問題や失敗を克服できずに成功を手にすることは不可能だ。だが、失敗を自分の前進のために利用することは可能なのである。では、どのように利用するのか?

私の友人の営業部長は、月一回のセールスミーティングを、セールスに失敗した原因を明らかにするのに使っている。失敗したセールスをもう一度はじめから組み立て、きびしくそのやり方をチェックしてみるのである。このようにすれば、セールスマンたちは、似たようなケースが生じた場合に、的確に対応できる。失敗を避け得るというわけだ。

強いフットボールチームの監督も同じようなことをやっている。選手のミスをできるだけ少なくするために、どの試合でも必ず綿密に再チェックする。ある監督などは、試合を八ミリで写し、チーム全員に見せている。こうすれば、自分たちの欠点がその目で見られ、次の試合に役立つからだ。

次の成功の原則を忘れないことだ。あらゆる失敗から何かを学べ。

挫折や敗北を勝利に転じた人びと

かつての映画ファンなら、あのライオネル・バリモアのことは知っているだろう。一九三六年、バリモアは腰にけがをし、その骨折は不治のものとなってしまった。多くの人は、バリモアもこれで終りだろうと考えてしまったが、バリモア本人はそうは考えなかった。彼はより大きな成功を切り開くために、このけがを活用した。いつまでもなくならない痛みに耐えながら、彼は車椅子に乗り、その後一八年間に何十本という映画に出演したのである。

W・コービイン・ウィリアムズは、一九四五年三月一五日、フランスでの戦いで戦車のうしろを歩いているとき、戦車が地雷に触れて爆発し、そのせいで永久に失明してしまった。しかし、牧師兼カウンセラーになろうという彼の意思に変わりはなかった。大学を卒業したとき、彼はこう言ったものである。

「目が不自由であることが私の仕事にはプラスになっていると思います。目が見えないので、外見で人を判断することができません。そのため、先入観なく人に接することができるのです。私は、どんな人でも安心して相談できるような人間になりたいと思っています」

これこそ悲惨で、苦しい出来事を勝利に転じた生きた実例ではないだろうか。失敗や挫折・敗北は単に心の状態にすぎないのだ。

株の投資家として成功し、裕福になった私の友人が、あるときこう話してくれた。

「一五年前投資を始めたときは、何回も失敗したものです。素人の投資家によくあるように、金を儲けようと焦ったために、かえって損をしてしまったのです。けれども私はくじけませんでした。経済基盤が強固なことはわかっていましたから、長い目で考えれば、よく選ばれた株式は結局は最上の投資になるだろうと考えていたのです。今では、最初の投資の失敗は、教育費の一部だったと考えています」

彼はこう言って笑うのだった。

一方、一回か二回の失敗で、すっかり〝反株式党〟になってしまった人もいる。自分の誤りを分析してそれを糧にするのではなく、投資はギャンブルだというまちがった結論に達した人たちだ。

どんな敗北や挫折からも何かを引き出すことを今すぐ決心することだ。今後、仕事や家庭のことで何かうまくいかないことがあったら、心を落ち着け、そのトラブルの原因をつきとめなさい。そうすれば、同じ失敗を二度と繰り返すことはないだろう。

もしそこから学ぶことが少しでもあるのなら、敗北や挫折も貴重な経験となるのだ。

自分の欠点に直面しなさい

人間というのは、自分の失敗を他人のせいにしたがるものだ。セールスマンは、販売しそこねると、お客を悪く言う。会社の重役は、仕事がうまくいかないと、それを部下や他の重役のせいにする。家庭にいざこざが起こると、夫は妻を責めようとし、妻は夫を責めようとする。

世の中が複雑化しているため、人によって失敗させられることはあり得るかも知れないが、たいていの場合は、失敗の原因は自分にあるものなのだ。

メトロポリタン・オペラのスターだったリズ・スチブンスは、人生でもっとも恵まれなかったときに受けたアドバイスについて、次のように語っている。

まだ駆け出しだった頃、ミス・スチブンスは、メトロポリタン・オペラのオーディションを受けたが、うまくいかずに落ちてしまった。彼女にとっては、これはとてもつらいことだった。「ほんとうのことを言うと、私はほかの少女たちの声よりよかったのだ、採点が不公平だったのだ、強力なコネがなかったせいだ、と誰かに言ってほしかったのです」

しかし、ミス・スチブンスの先生は、彼女を甘やかすようなことはしなかった。こう言ったのである。「あなたの欠点に直面する勇気を持つことよ」と。

「自分をあわれみ、そこに溺れてしまいそうになっていた私を、この言葉が救ってくれました。先生のこの言葉が頭にこびりついて、その晩は眠れませんでした。暗闇に横たわりながら、私は自分に問いかけました。『私はなぜ失敗したのだろう?』、『どうしたらこの次はうまくいくのだろう?』と。そして、私の声の幅が十分ではなかったこと、言葉が明瞭でなかったこと、演技をもっと学ばなければならないことに気がついたのです」

ミス・スチブンスは、自分の欠点に直面したために、舞台で成功し、より多くの友人も得、よりよい人柄をつくることができたのだと語っている。

自分自身に批判的であることは、建設的なことだ。それは、あなたの人間的な強さと、成功に必要な能力をつくるのに役立つ。けれども、人を責めるのは有害なことだ。誰かほかの人が悪かったのだと責めても、得るところは何もないのである。

だから、建設的に自己批判を行うことだ。ほんとうのプロのような生き方をすることだ。プロは、自分の欠陥や弱点を捜し出し、それを矯正する。それが彼らをプロたらしめるのだ。

常に人間として可能なかぎり完全でありたいと願うことだ。客観的であることだ。自分を試験管に入れ、利害関係のない第三者が客観的な目で観察するように、自分自身を見てみることだ。これまで気づかなかった欠点があるかどうかを点検してみるのだ。そして、そのような欠点が見つかったら、すぐさま矯正する行動を起こすのである。

失敗を運のせいにしてはいけない

敗北や挫折したことを、「運がなかったからだ」と言いわけすることはよくある。「それは球がころがるようなもので、どうなるかわからないものなのさ」などと言ってすましているのだ。しかし、よく考えてみてほしい。球がころがるのにも、それなりの理由があるのだ。球そのものがどうなのかということ、それとその投げ方、そして当たり方によって決まってくるのである。運などではなく、はっきりとした物理的な法則で球はころがるのである。

だから「球がころがるようなもので、どうなるかわからない」などと言って、何事も運のせいにしても、何も得るところはない。次に同じような情況に出会ったら、またまた同じあやまちをするだけだ。そうではなく、失敗を研究することが大切なのである。

ミシガン州デアボン市の元市長オービル・ハッパードは、連続一七年間も市長をつとめた人で、わが国でも指折りの名市長である。しかし、市長になる前のハッパード氏は、一〇年間も「不運な星」のもとに置かれ、それを耐えなければならなかった。市長選には三回も失敗し、上院議員にも三度落っこち、下院選挙にも一度失敗していたのである。このような不遇にありながら、オービル・ハッパードはめげなかった。彼はそれを、自分に対する政治教育の一部だと考え、失敗から学ぼうとしたのである。その結果が実り、地方自治体におけるもっともシャープで、もっとも不屈な政治家の一人となったのである。

不運や不遇を責めるのではなく、それを研究することだ。失敗したら、学ぶのだ。多くの人は、自分は「運が悪い」とか「不運な星に生まれた」といっては自分をなぐさめる。しかし、このような人たちは、まだ子供みたいに未成熟なだけなのだ。失敗したといっては泣きじゃくり、人の同情を買おうとしているだけなのである。そして、そうやっているうちに、気づかないあいだに、より大きく、より強く成長する機会を逃してしまっているのである。

運のせいにするのはやめることだ。自分の運のなさをいくら嘆いても、行きたいところへは決して行けはしない。

忍耐だけでは成功しない理由

物事をなしとげるためには、忍耐力を持たなければならない。しかし、忍耐は勝利に導くための一つの要素にすぎない。

　エジソンは、アメリカでももっとも忍耐力に富んだ科学者だと言われている。電球を発明するまでには、それこそ何千回もの実験を繰り返したと言われている。まさに忍耐力の塊みたいな人だった。しかし注意してほしいのは、それだけで成功したわけではないということだ。エジソンは繰り返し、繰り返し、実験したのである。実験を忍耐強くやったおかげで、電球を開発することができたのだ。実験と忍耐とを結合させたからこそ、成果を得ることができたのだ。

　勝利には忍耐が必要だといっても、一つの方法に固執することが、必ずしも勝利を生むとは限らない。実験と結びついてこそ成功が保証されるのだ。

　忍耐力にすぐれた野心家は数多くいる。しかし彼らのすべてが成功するわけではないのは、新しいやり方を実験してみないからだ。もちろん、目標は堅持しなければならない。一センチもそれを外してはならない。しかし、一つのことを繰り返し、繰り返し実験しても成果が上がらないのなら、新しいやり方を試みることである。

実験の偉大な力を開発するためのアドバイス

次に、実験する力を開発するための方法をあげておこう。ブルドッグのような、食いついたら離さない忍耐力と、この実験の力とを結びつけるのだ。

1――「必ず道はある」と自分に言い聞かせること

自分に「もうだめだ、この問題を解決する方法はない」と言えば、たちまち消極的な考えがあなたを支配する。そうではなく「この問題を解決する道は必ずある」と信じるならば、積極的な考えがあなたの心にどっと流れこんできて、ほんとうに解決する道が見つかるだろう。大切なのは「必ず道はある」と信じることだ。そうすれば、自動的に、(やめようとか、引き返そうといった)消極的なエネルギーが転換され、(続けていこう、もっと先へ進もうという)積極的エネルギーが沸いてくるのである。

いろいろな問題が解決不可能になるのは、あなたがそれを解決不可能だと考えてしまうからだ。解決は可能だと信じ、解決する方法を引き寄せなさい。不可能だと言ったり、考えたりは絶対にしないことだ。

2――一歩さがって新しく出なおすこと

私の友人の技師が、数週間前に、まったく新しいアルミニウム建築の設計を頼まれた。数日前彼に会ったので、その後の様子を聞いてみた。

「私は、難しい仕事を長時間やるときはいつも、庭仕事をすることにしているんです。新しいアイデアがわいてきますからね。この夏はまだ庭仕事を十分にやってないので、今の仕事もまだ進んでいません」

「草に水をやるホースを持って木のそばに座ってごらんなさい。どんなに多くの設計上のアイデアが浮かんでくることか。きっと驚かれると思いますよ」

私の以前の同僚も、毎月一度、三日間の休暇をとって田舎で過ごすのを常としていた。彼もこうやって、忙しい日常から一歩さがって新たに出なおすことが、精神力を増大させることを知っていたのだ。

思わぬ障害に出会っても、計画を捨ててしまってはいけない。一歩さがって、新しい気持ちでもう一度見なおしてみるのである。散歩するとか、昼寝をするとか、楽器を演奏してみるといったごく簡単なことでいいからやってみる。そしてそのあとで、もう一度チャレンジしてみれば、知らず知らずのうちに解決への糸口が見つかることはよくあるのである。

物事のいい面を見れば敗北や挫折は克服できる

つい最近、小さなレストランで一人で食事する破目になってしまった。その日はとても混んでいたので、隣の席に座った二人の紳士の会話が耳に入ってきた。

「ハリー、僕は今日はとてもイラついているんだ」

「何があったんだい、ビル？」

「昨日のことなんだが、メリーが娘のリンダを医者に連れていったんだ。そのときの処方箋を今朝見たんだが、病気のほうは幸い大したことなかったんだけれど、料金がなんと一六ドル三三セントもかかっているんだ。たかだか五粒か六粒の丸薬がこんなにするなんて。君はどう思う？」

こうしてビルは、医者や製薬会社、薬局がもうけすぎていると、文句を長々と言い始めた。普通なら、誰しもそう思っているから、ビルの文句に同調するのだろうが、ハリーは違っていた。

「一枚の処方箋の代金として一六ドルは高いかもしれないね。しかしね、物事にはよい面もあると思うんだよ、ビル。リンダにいい薬を与えてやれることを喜ぶべきだよ。一六ドル三三セントで、彼女の健康と幸福とが買えるわけだからね。そのために君は働いているんだから、その義務を立派に果たせたことを喜ぶべきだと思うな」

興味深い会話だったので、結末を知りたくて、ついついコーヒーを二杯もよけいに飲んでしまった。しばらくしてビルはこう言ったのだ。

「ハリー、僕は今までそんなふうに考えたことはなかったよ。君の言っていることは正しいと思う。自分が家族の面倒を十分見ていることを喜ぶべきなんだ。憤慨なんかするのではなく、むしろそのことに感謝すべきだったんだ」

あらゆる物事や情況にはいい面があるものなのだ。いい面を見て、敗北や挫折を克服しなさい。いい面を見てはっきりとした洞察力を持つならば、すべての物事もいっしょになっていいほうへと作用するのである。

要　約

成功と失敗の差は、挫折やハンディキャップ、落胆など、がっかりするような情況に対する態度によって決まる。次にあげたのは、敗北や挫折を勝利に転じる五つの手引きである。

⑴　成功への道を切り開くため、失敗を研究しなさい。失敗したら、そこから学ぶことだ。そして次の機会に勝てばいい。

⑵　自分自身を建設的に批判する勇気を持ちなさい。あなたの欠陥と弱点を捜し、それを矯正しなさい。これがあなたをプロにする道である。

⑶　不運を嘆くのはやめなさい。失敗をよく調べてみることだ。どこが悪かったのかを見つけだすのだ。不運をいくら嘆いても、行きたいところへは決して行けないということを覚

えておくことだ。

(4) 忍耐を実験と結びつけなさい。目標を堅持することは大切だ。だが、うまくいかないからといって、石の壁に頭をぶつける愚は避けるべきだ。新しいやり方をやってみなさい。繰り返し実験することだ。

(5) すべての情況には悪い面だけでなく、よい面があることを覚えておきなさい。それを見つけだすことだ。よい面を見て、落胆を克服しなさい。

第12章 目標を設定しなさい

計画をたて、目標を明確にして、一歩ずつ進んでいこう

五年後、一〇年後を見て目標をたてる

地球を回っているあらゆる人工衛星は、偶然発明されたわけではない。科学者たちが「宇宙を征服すること」を目標として掲げたからこそ可能になったのだ。このように、人間の進歩のどれをとってみても、それが現実のものとなる前には、何らかの目標が人間の心の中に掲げられている。だからこそそれが実現したのである。

目標は目的と言ってもいい。しかし、ただの夢ではない。行動をともなった夢のことだ。「あれができたらなあ」といったぼんやりした思いではなく「これが、私がそのために働いているものだ」という、はっきりしたものでなければならない。

このような目標がなければ、人はただ人生をうろつきまわるだけだろう。自分がどこへ行くのかわからなければ、よろめき歩くだけで、結局はどこへも行けはしない。目標が確立されるまでは何も起こらないし、一歩も前へは進めないのである。

空気なしで生きた人がいないように、目標なしで成功した人もいない。生命に空気が必要なように、成功に目標は不可欠なのである。だから、行こうと思うところに、はっきりと目的を絞ることだ。大切なのは、あなたがどこにいるかとか、どこにいたかということではない。どこへ行こうとしているかということなのである。

発展的な会社は、一〇年とか一五年先の会社の目標を設定する。経営者たちは、「これから一〇年後は、わが社はどのような位置にいるだろうか」と問い、それに合わせる努力をする。新しい工場を建設する場合にも、現在の必要性だけからではなく、五年後、一〇年後の必要を考慮して建設される。一〇年以上先の製品を開発するための調査、研究が行われるのである。

このようなビジネスのあり方から、われわれは尊い教訓を学ぶことができる。われわれ自身も、少なくとも一〇年先を見て計画すべきであり、またそれはできるということだ。

ある意味では、あなたは会社と同じなのである。あなた自身をビジネスの一つの単位と考えれば、あなたの才能、技術、能力は、あなたにとっては「製品」である。その製品をよりよく発展させようと思うのなら、先のことまで考えて計画することだろう。それによってあなたの製品は、より高い値段で売ることが可能になるのである。

大きな将来を描く手順

次に、目標設定の手順を述べておこう。

第一は、仕事、家庭、社会の三部門に分けて、将来を思い描いてみることだ。このような分け方をすれば、混乱せず、矛盾もなく、全体のあなたの目標を見ることができる。

第二は、次の質問に、はっきりした、正確な答を出しておくことである。――私は人生で何をしようと思うのか？　何になろうと思うのか？　そしてそのためには何が必要なのか？

以上のことをするために、次にあげた計画ガイドを用いてみよう。

今から一〇年後の私はどうなっているか――一〇年間の計画ガイド

(1)　仕事部門――今から一〇年後

①　どのくらいの収入を得たいと思っているか？

②　どの程度の責任ある立場にいたいか？

③　どのくらいの権限を持ちたいか？

④　仕事からどのような名声を得たいと思っているか？

(2)　家庭部門――今から一〇年後

①　どんな生活水準を保とうと望んでいるか？
②　どんな家に住みたいと思うか？
③　どの程度の休暇がほしいか？
④　子供がまだ独り立ちできない間は、どの程度の経済的援助をしてあげようと思っているか？

(3)　社会部門――今から一〇年後

①　どんな友人を持ちたいか？
②　どんな社交グループに属したいか？
③　住んでいる地域で、どの程度の影響力を持ちたいか？
④　どのような主義・主張を擁護したいと思っているか？

未来を思い描くにあたっては、それが夢に終ることを恐れてはならない。人は夢の大きさによって測られるのだ。すべからく大きな未来を思い描くべきである。

自分の欲望に忠実であれ

これら人生の三部門は、互いに密接に関連づけられているが、その中でも、最大の影響力を持つのは、やはり、あなたの仕事である。家族の生活水準も、地域社会からの尊敬も、大部分が仕事において成功しているかどうかにかかっている。そして、仕事において成功できるかどうかは、上に昇ろうとする強い欲望があるかどうかによるのである。

欲望は、それを上手に用いれば力となる。したいと思っていることをせず、欲望を抑えこむのは、平凡な生活への道を切り開くだけなのだ。

このことについては、大学新聞でとても有望な記者として活躍したある青年のことを思いださずにはいられない。彼は、ジャーナリストになったらきっと才能を発揮するだろうと思わせるほど優秀だった。そこで卒業直前に彼に聞いてみたのだ。

「ダン君、ジャーナリズムへの就職先は決まったかね？」と。すると彼は、「とんでもありません。確かに僕は、書いたり、記事を取ってきたりするのは好きです。大学新聞ではずいぶん楽しい思いをさせてもらいました。しかし、ジャーナリストとなるとそうはいきません。なにせ、掃いて捨てるほどいますからね。仕事にあぶれて、餓死したくはありません」

その後五年間、私はダンのことを見もしなければ噂も聞かなかった。しかしある晩、ニューオリンズで偶然出会ったのだ。ダンは、ある電機会社の人事課で働いていたのだった。彼が今の仕事に満足していないのはひと目でわかった。

「ええ、給料はかなりいいほうです。会社も立派ですし、安心して働いていられます。しかし、いつも心は仕事のほうに向いていないのです。今にして思えば、学校を出たとき、出版社か新聞社に入っていればよかったとつくづく思います」

彼は多くのことに対して冷笑的になっていた。人生に対する無関心さも態度に現われていた。もはや、今の仕事をやめて、好きなジャーナリズムの世界に飛び込まないかぎり、人生が好転するとは思えなかった。

成功には心と魂で努力することが必要だ。そして心と魂による努力は、心から望むものでなければ投ぜられないのだ。ダンが、あのとき、自分の気持ちに素直に従っていたら、きっとジャーナリズムの世界でそれなりの地位を得ていただろう。そして長い目で見れば、今の仕事よりも、ずっと多くのお金を手に入れていたにちがいない。しかも、多くの満足も味わっていたにちがいないのだ。

願いを圧殺する五つの危険物

われわれはみな、自分がほんとうにしたいことについて夢見る。みな、何らかの欲望を持っているのだ。しかし、実際には、この欲望の命ずるままに行動する人はごく少数しかいない。

ほとんどの人が欲望を殺してしまうのだ。なぜなのか。それは、五つの危険物があるからだ。それらが、せっかくの欲望を消してしまうのだ。

(1)　自己軽視　多くの人が「能力が足りないものですから」とか「教育も経験もないものだから」、「医者になりたかったのになれませんでした」などと言う。このような古くさい、消極的な自己軽視で欲望をだめにしているのである。

(2)　安全病　「ここは安全だから……」と言うような人は、安全を隠れみのにして、自分の夢を殺しているのだ。

(3)　競争　「この分野はもう飽和状態です」などという言いわけは、欲望を殺してしまう言葉だ。

(4)　親の言いつけ　職業を選ぶ際、何百という若者たちが「ほんとうはほかの職に就きたいのですが、両親がこっちのほうを希望しますので」と言う。しかし私は思うのだが、両親は、わざと子供に職業を押しつけたりはしない。両親が望んでいるのは、子供の成功した姿なのだ。だから、じっくりと話し合えば、いさかいもなくなるはずだ。

(5)　家族に対する責任　「五年前だったら職を変えることもできたが、今となっては家族の問題もあるし、もう変わるわけにはいきません」。これも欲望を圧殺する考えだ。

以上の五つの危険な武器は投げすてることだ。持てる力を十分に発揮する道は、したいと思うことをすることだ。欲望の命じるままに行動することによって、エネルギーも、熱意も、心の張り、そして健康さえも手に入れることができる。

目標の持つ力が人を動かす

成功する人の圧倒的多数は、週四八時間以上は働いている。にもかかわらず、彼らは不平一つ言わない。成功する人は、目標をしっかりと見すえているので、それがエネルギーを生むのである。

問題はこうだ。正しく目標を設定し、その目標に向かって働こうと決心すれば、エネルギーが増加するのである。また同時に、目標達成に全力を尽くせば、新しいエネルギーもわいてくるのだ。さらに驚くべきことは、あなたをその目的へとまっすぐに進ませる「自動制御装置」も手に入れることができるのである。

トムとジャックという架空の人物でこのことを説明してみよう。二人は一つの点を除けば、すべての点において同じだとする。一つの点とは、トムははっきりした目標を持っているが、ジャックにはそれがないということだ。

トムは、一〇年後にはどこかの会社の副社長になることを目標にしている。彼は自分のすべてをこの目標にゆだねているので、その目標が「これをしなさい」、「あれはしてはいけません。

あれは役に立ちません」と教えてくれる。目標はいつも「これが、あなたが実現したいと思っていることです。そのためにしなければならないのはこのことです」と指示してくれるのだ。だから、あらゆる活動が明確で一貫している。会社の会議では何を話せばいいのか、どのような本を読んだらいいのか、争いが起こったときにはどうすればいいのか、服を買うときにはどのような服を買えばいいのかまではっきりしているのである。

そして、少しでも進路を外れそうになると、たちまち自動制御装置が作動し、警告を与えてくれる。だから、決して進路を外れないのである。トムの目標は、彼のすべての力に影響を与え、彼の感覚を鋭くしているのだ。

一方ジャックは、目標を持たないので、自動制御装置も持ちあわせていない。だから、すぐに混乱する。目的へと向かう一貫性を欠いているので、常によろめき、動揺してしまう。こうして結局、デコボコ道を這いまわるだけの人生を送ってしまうのだ。

あなたの周囲にいる成功した人たちをよく研究してみることだ。彼らは、一人の例外もなく、自分の目的に身も心も捧げているはずだ。だから、あなたも目標の命ずるところに従って行動することだ。本気になって、目標に身も心も捧げるのだ。そうすれば、その目標に達するための自動制御装置が与えられるだろう。

「次の一マイル」の法則

進歩は一度に一段階ずつ達成されるものである。

有名な著述家、エリック・セバライドは、自分がこれまでに受けたアドバイスの中で、最高のものは「次の一マイル」の原則だったと言っている。

「第二次世界大戦中、私と数人の仲間たちは、軍用輸送機のエンジンが故障したため、ビルマとインドの国境の山岳地帯のジャングルに、パラシュートで降下しなければならなくなった。しかし救援部隊がわれわれのもとに到着するには、数週間は必要だった。われわれは仕方なく、八月の炎暑とモンスーンの雨の中を、険阻な山を越えて、一四〇マイルもの脱出行をしなければならなくなったのだ。それはインド平野へのまさしく苦痛に満ちた旅となったのである」

「行進し始めてすぐ、私は釘を足に深く刺してしまった。しかも、夕方には両足ともマメだらけになっていた。このまま足をひきずりながら、一四〇マイルも歩き続けることができるだろうか？　隊のなかには私よりもっと状態の悪い者もいたが、とにかくそんな長距離を歩けるだろうかという考えが頭をよぎる。どう考えても不可能だと考えざるを得なかったのだ。しかしわれわれは、あの峰には何とかたどりつけるだろう、その次は、あの村までは行けるだろう、そこで一夜は明かせるだろうと、〝次の一マイル〟をめざして歩き続けた。実際、当時の情況としては、それしかできなかったし、また、それが唯一しなければならないことだったのだ」

「後日、ある大きな著述をするときもそうだった。仕上げるためには、それまでの仕事は放棄しなければならなかったし、そうすれば当然収入はなくなる。それやこれやのことを考えると、果たしてやりとおせるかどうか心もとなかった。仕事の全貌を心に描いただけで、あまりの膨大さに頭が痛くなった。そこで私は、次のページのことや次の章のことなど考えないことにした。そして、ただひたすら、次の文章の一節だけを考えるようにつとめたのである。こうしてまるまる六か月間、私は一節一節仕上げること以外は何も考えなかった。すると本は〝自然に書き上がっていた〟のである」

これが、エリック・セバライドが身を持って体験した「次の一マイル」の法則だ。一歩一歩進むこの方法は、実はどのような目的にも適用できる。

煙草をやめるのにもっともよい方法は、〝一時間一時間方式〟と呼ばれるやり方だと聞いたことがある。これも同じやり方だ。二度と煙草は吸うまいと強く決意してやめるのではなく、一時間だけ吸うまいと決心するのである。そして一時間過ぎたら、もう一時間吸うまいと新たに決意する。こうして吸わない時間を二時間に延ばし、次には三時間に、一日にと延ばしていき、結局は目的を達成するというやり方だ。一挙にやめようとする人が結局は失敗してしまうのは、心理的な苦痛に耐えられなくなるからだ。一時間ならやさしいが、永久に、では誰にとっても難しいものなのだ。

成功は一挙に得られるものではない

とはいえ、ときには一挙に成功を勝ち得たように見えることもある。しかし、いきなりトップにおどりでたという人の過去の経歴をよくよく調べてみると、そこには数多くの基礎作業があらかじめ行われていたことがわかるはずだ。成功したかに見えても、早々と失脚してしまうような人は、もともとしっかりとした基礎をつくらなかった、ニセモノにすぎないのである。

超高層ビルも、とるにたらないような石の一片一片からつくられている。人生もそれと同じように組み立てられているのだ。だから、あなたがすべきことは、たとえどんなに重要でない仕事に見えても、それを、正しい方向へと進む一歩とすることだ。それによって最終目標へとスタートするのである。

次の質問を自分にしてみなさい。「これは、私が行こうとしている方向へ向かっているものなのか？」と。答がノーなら、引き返しなさい。イエスなら、前に進むことだ。

われわれは、成功へと大ジャンプをするわけではないのだ。一度に一歩ずつ進んで、そこに到達するのである。

回り道もときには必要だ

こんなことを言う人もよくいる。「目標に向かって邁進しなければならないことはわかります。ですが、それをひっくり返すような出来事が起こりますのでね。なかなかプランどおりには行きませんよ」と。どうにもならないことが起こり、それが目的地に行くのに影響を与えてしまうのは事実だ。家族の病気や不幸、あるいは狙っていた仕事が取り消されてしまったり、思わぬ事故が起こったりと、それはさまざまだろう。

しかしだからこそ、次の点を心にしっかりと刻みこんでおかなければならないのだ。つまり、回り道も辞さない覚悟をしておくということだ。「通行止め」があったからといって、あなたはすぐに家に引き返すだろうか。そうはしないはずだ。通行止めは、単にその道は通れないと言っているだけだ。ほかの道を捜せば、たとえそれが回り道だとしてもいくらでも行きたいところへ行けるではないか。

軍事上の指導者たちのやり方を見習えばいい。彼らはある目的を達成するための計画を立てる場合、必ず二つのプランをつくりあげる。Aプランを中止せざるを得なくなるような予想外のことが起こった場合には、すぐさまBプランに変更するのである。

成功した人で、回り道をしなかった人は極めてまれなのだ。回り道をするのは、目標を変えることではない。別の道を行くだけのことなのだ。

自分自身へ投資しなさい

普通、投資というと、株とか債券とか不動産、その他の財産のことを考えるものだが、最大の、そしてもっとも価値ある投資は、自分自身への投資、つまり、精神の力と能力をつくるものを買うことである。

大きな利益をあげ、健全な自己投資をするには、二つの方法がある。

1——教育への投資

ほんとうの教育は、もっとも健全な投資である。だが、ほんとうの教育とはいったい何だろう？　ある人は、学校にいた年限とか、卒業証書の数、学位などで教育をはかろうとする。しかし教育を量ではかってみても、成功者が生まれるわけではない。ゼネラル・エレクトリック社のラルフ・J・コーディナー会長は、次のように言っている。

「わが社の二人のすぐれた社長、ウィルソン氏とコフィン氏は、二人とも大学を出ていない。わが社の幹部の中には確かに博士号をとっている者も若干いるが、四一人のうちの一二人は、何の学位も持っていない人たちだ。われわれは、その人の能力に関心を持っているのであって、卒業証書に関心を持っているわけではないのだ」

卒業証書や学位は、職に就くときには役に立つかもしれないが、仕事の上での成功や進歩を約束するものではない。「ビジネスは、能力に関心を持っているのであって、卒業証書に関心を持っているのではない」のである。

また別の人は、教育とは、その人の頭にしまいこまれた情報の量を意味すると言うかも知れない。しかし、事実の収集をいくらやってみても、それがあなたを行きたいところへ連れていってくれるわけではない。しかも現代では、情報収集は機械に頼ることがますます多くなっている。機械のやることを人間がやるだけなら、人間などいらなくなってしまうだろう。

投資する価値のあるほんとうの教育とは、あなたの精神を開発し、教化する教育のことである。その人がどれだけよい教育を受けているかは、その人の精神がどれだけ開発されているかによって決まる。簡単に言えば、その人がいかによく考えるかによって測られるのである。

2――アイデアを与えるものへの投資

教育は、新しい情況に対処したり、問題を解決するために、あなたの精神を形成し、伸ばし、訓練するのに役立つ。アイデアを与えるものもまた、そのような目的に役立つのである。それは、あなたの精神を育て、あなたに、考えるための材料を与えてくれるのだ。

では、アイデアを与えるものとはどのようなものだろうか？　良質なアイデアを手に入れようと思うのなら、少なくとも月に一冊は精神の刺激となるような本を買い求めることだ。また、アイデア開発に役立つ雑誌や定期刊行物の二種類ぐらいはとるようにする。わずかなお金と最小の時間で、どこでも使用できる最良のシンク・タンクを手に入れられるのである。

繰り返し言うならば、成功した人を手本とし、あなた自身に投資することである。

次のことを実行しよう

(1) 自分が行こうと思うところにはっきりと狙いをつけなさい。

(2) これから一〇年間のプランを書きなさい。仕事部門、家庭部門、社会部門に分けて、やりたいことを書きだしなさい。

(3) 物事をなしとげるために、目標を設定しなさい。そうすることによって、人生の真の喜びを見いだしなさい。

(4) 真の目標に向かって「自動制御装置」を働かせなさい。目標に従って行動していれば、やがて正しい行動をしていることに気づくはずだ。

(5) 目標には一度に一段階ずつ進みなさい。進みかたがどんなに小さくても、目標に着実に近づいているのだ。

(6) 回り道を苦にしないことである。回り道は、たんに別の道であるにすぎない。

(7) 自分自身に投資しなさい。教育やアイデアを与えるものに投資しなさい。

第13章 リーダーらしく考えよ

人を動かす四つの原則

リーダーシップの四つの原則

高度な成功を達成するには、ほかの人の協力と支持が必要だ。そしてこのような協力や支持を得るには、リーダーシップの能力、すなわち指導力ないし統率力が求められる。

各章で説明してきた成功をもたらす原則は、この指導能力を伸ばす手助けをしてくれるはずだ。そこでこの章ではもっと具体的に、ビジネスや社会で、あるいは家庭や人の集まるところならどこにおいても、人を動かすことができる四つの原則、リーダーシップの原理を身につけることにしよう。

(1)　相手の立場で物事を見て、考え、心の交わりを持つこと。

(2) 人間的なリーダーシップを発揮すること。
(3) 進歩を考え、進歩を信じ、進歩を追求すること。
(4) 自分自身と相談する時間を持つこと。

これら四つの原則を実行すれば、必ずや成果があがることだろう。

リーダーシップの原則第一——相手の立場で物事を見て、考え、心の交わりを持つこと

テッド・Bは、ある大きな広告代理店のテレビのコピーライター兼ディレクターとして働いていたが、あるとき、子供靴メーカーのテレビ・コマーシャルを担当することになった。

彼が制作したコマーシャルが流れ始めて一か月ほどたった頃だ。調べてみると、このコマーシャルの宣伝効果がほとんど売り上げに結びついていないことがわかってきた。視聴者調査によってわかったことは、このコマーシャルがよいと考えている人は、全体のわずか四パーセントにすぎなかったのだ。残りの九六パーセントは、彼のコマーシャルに無関心か、あるいは俗な言葉でいえば、〝臭いコマーシャルだ〟と考えていたのである。次のような批評や批判が数多く寄せられていた。「あれはすこし風変わりすぎるね」、「うちの子はテレビのコマーシャルを見るのがとても好きなんだけど、あの靴のコマーシャルが流れると逃げ出しますよ」、「ちょっと

お高くとまっていませんか？」などなどだ。

分析した結果、面白いことがわかってきた。それは、このコマーシャルがよいと答えた四パーセントの人たちは、収入、教育、教養、関心などの点において、テッドと非常によく似ていたということだ。残り九六パーセントは、テッドとはまったく異なる社会に住んでいる人たちだったのだ。

二〇万ドルもかけたコマーシャルが失敗したのは、テッドが、彼自身の関心事しか考えなかったからである。彼は、大勢の一般大衆の靴の買い方を考えず、自分が靴を買うときのやり方でコマーシャルをつくってしまったのである。みんなを喜ばせるコマーシャルではなく、自分自身を喜ばせるコマーシャルだったのだ。

制作時に、もしも彼が一般大衆の心の中に入っていって「普通の親なら、どんなコマーシャルなら買う気を起こすだろう」、「どんなコマーシャルなら、子供が親に買ってほしいとねだるだろうか」と考えていたら、きっと違った結果になっていただろう。

テッドの失敗のポイントは次の点にある。

それは、あなたがしてもらいたいと思うことを、ほかの人にさせるには、彼らの目を通して物事を見なければならないということである。そういう人たちと心の交わりを持てば、彼らに影響を与える方法が、おのずと浮かんでくるはずだ。

私の友人のセールスマンも、商品説明を始める前に、客がそれにどう反応するかを見るために、長い時間をかけると言っていた。聴衆と心の交わりを持つことは、人の心を打つ講演をするのに役立つし、部下と心の交わりを持つことは、指図を受け入れやすくするのに役立つのである。

次の質問を心にとどめておくことだ。「ほかの人の立場になってみれば、これをどう考えるだろうか」と。

この質問は、成功する行動への道を切り開くものなのだ。

心の交わりを持つ原理の活用法

心の交わりを持つための原理を活用するには、次のようにすることだ。

(1) ほかの人の立場を考えること。その人の立場になってみることだ。その人の収入も知性も、経歴も、関心事も、あなたとは違うことを忘れないことだ。

(2) 「私が彼の立場だったら、どう反応するだろうか?」と自分に問いただしてみること。

(3) そのうえで、あなたを動かすだろうと思われる行動をとることだ。あくまでも、あなたがほかの人だったらということを前提とすること。

リーダーシップの原則第二――人間的なリーダーシップを発揮すること

リーダーシップが必要な場合、人はいろいろなやり方をする。一つのやり方は、独裁者の立場をとるやり方だ。すべての決定を、誰にも相談することなく自分で決めてしまう。それに従え、というわけだ。部下の意見を聞かないのは、心のどこかで、部下の言うことが正しければ面目を失ってしまうと考えているからだ。

しかし、このような独裁者的立場は長続きしないものだ。部下たちはしばらくは言うことを聞くふりをするが、そのうち不安になって辞めていくか、団結して反抗するようになる。その結果、組織はスムーズに動かなくなってしまうだろう。

もう一つのリーダーシップのやり方は、冷たく、機械的に規則書どおりにやるやり方だ。このやり方を用いる人は、なんでも規則どおりにやればいいと思っている。規則や方針が通常の場合の単なる手引きにすぎないことを忘れているのだ。こうして、人を機械的に取り扱ってしまう。しかし、人間というのは機械のように扱われるのがもっともいやなのである。機械として扱われたのでは、持てる力の何分の一も発揮できないものなのだ。

リーダーシップにすぐれた人は、次の第三のやり方をする。われわれはそれを「人間的なやり方」と呼んでいる。

数年前のことだが、私はあるアルミニウム会社の技術開発部長、ジョン・Sと協力して仕事をしたことがある。ジョンは、この「人間的であること」の名人だった。「あなたは一人の人間です。私はあなたを尊敬します。私は、自分ができるあらゆる方法であなたを助けるつもりです」ということを根本精神とし、それを実行していたのである。

地方出身の人が彼の部に配属されると、ジョンはいつも適当な住居を見つけてやった。スタッフの誕生日には、秘書と二人の女性社員の手を借りて、社内パーティを開いてあげる。そのため、就業時間が三〇分か一時間はつぶされることになるが、そんなことは大したことないと思っている。かえって部下の忠誠心やモラールが上がると考えているのだ。あるいはまた、部下やその家族が病気になると、そのことをちゃんと覚えていてお見舞をする。スタッフが仕事以外のことで何かいいことがあると、個人的にその人にお祝いを言うのだった。

これらもすべて彼の「人間的であること」の現われだが、彼の哲学がもっとも顕著に現われるのは社員の解雇問題が起こったときだ。彼は、ほかの部長たちのように、解雇を言い渡してそれでおしまいというようなことは決してやらない。徹底的にその社員の就職の世話をしてやるのである。

「私は古い格言を心に刻み、それを守っているだけです。それは、誰であろうと、権力のもとにある人は、その庇護のもとにある、ということです。われわれは、解雇される社員を、最初からクビにするつもりで雇ったわけではありません。こちら側のやむを得ない事情で解雇せざるを得ないのなら、私にできることは、彼に再就職の道を世話してやることではないでしょうか」

「人を雇うことはリーダーなら誰にでもできることです。しかし、リーダーシップに優れているかどうかは、人を雇うときではなく、解雇するときに現われると思います。どう解雇の問題を扱うのかということです。社員が会社を辞める前に就職先を見つけてやれば、部の全員にも仕事に対する安心感を与えることができます。私は、私がこの部にいるかぎり、一人として裸で路上に放り出すようなことはしないということを、彼らに示しているのです」

そのおかげで、ジョンは非のうちどころのない忠誠と支持とを得ているのである。

「人間的である」ための二つの方法

ジョンのような「人間的な」やり方を用いるには、二つの方法がある。一つは、難しい問題に直面したときにはいつも「これを人間的に扱う方法はないものだろうか？」と考えてみることだ。部下たちの間に不満が見えるとき、社員が問題を起こしたとき、「彼らとつきあう人間的な方法はないものだろうか」と自分自身に問いかけてみるのだ。そうすれば、遅かれ早かれ道は見つかるだろう。

第二の方法は、相手のことを最優先に考えているということを行動で示す方法だ。仕事上のことはもちろん、部下の仕事外のことにも関心を示し、すべての人を丁重に扱うことだ。原則的には、あなたが人に関心を示せば、その人もあなたに関心を示してくれる。場合によってはより多くのことをあなたのためにしてくれるのだ。

だから、機会あるごとに、部下のよさや仕事ぶりをあなたの上司に宣伝してあげることだ。そうすれば、部下たちはあなたの支持に感謝し、あなたに対する忠誠心はより大きくなるだろう。こうすることが、あなたの上司に対する印象を薄くしてしまうのではないかなどと恐れてはいけない。自分の業績を認めてもらおうと必死になる人より、謙虚である人のほうが、ずっと自信に満ちて見えるものなのだ。

また、機会あるごとに、個人的に部下をほめてあげなさい。彼らの協力的な態度を、彼らの努力をほめてあげなさい。ほめられることは、彼らにとっては最大の刺激となるのである。

人びとをほめなさい。正しいやり方で人と仲よくやっていきなさい。そして何よりもまず、人間的であることだ。

リーダーシップの原則第三——
進歩を考え、進歩を信じ、進歩を追求すること

あらゆる分野における昇進は、進歩を信じ、それを追求する人にもたらされる。数の上では、現状維持派が圧倒的に多い中で、リーダーシップにおけるエリートとなるためには、何事にも前進的な展望を持つことである。

進歩的な視野を広げるための方法が二つある。

(1)　あらゆることについて改善を考えること。

(2)　すべてのことについて高い基準を考えること。

数か月前、ある中規模な会社の社長から、ある重要な決定をするのを手伝ってほしいと頼まれた。彼はその会社の創立者で、今でもみずからセールスマネジャーとして仕事をしている。だが、セールスマンの数も七人に増えたので、そのうちの一人をセールスマネジャーに昇格させようと思ったのである。そしてその候補を三人にしぼった。三人はいずれも、経験、実績ともに同じくらいであった。そこで私に頼んできたのである。

私の仕事は、三人の一人一人と現場をいっしょに回り、彼らがセールスマンたちのリーダーとして適任かどうかを判断することだった。各人には、私がマーケティングの問題について話

を聞くために訪れる、ということは知らせてあったが、ほんとうの目的についてはもちろん伏せてあった。

私が行くと、三人のうち二人は、私が「何かを変える」ために派遣されたのだと思ったようで、そのことが迷惑なようだった。二人とも現在の仕事のやり方に満足している現状維持派だったのだ。私は、担当地域はどう分けられているのかとか、給与体系についてはどうか、販促材料はどうなっているかなど、マーケティング活動のさまざまな面について質問してみたが、返ってきた答はすべて「万事うまくいっています」だけだった。二人とも、今のままであることを望んでいたのである。一人はこんなことさえ言った。「あなたが私といっしょに現場を回った理由がよくわかりませんが、とにかく社長には、万事うまくいっていると伝えてください。改めなければならない点など一つもないのですから」

三番目の男はこれとはまったく違っていた。彼も自分の会社に満足していたし、その成長には誇りを持っていた。しかし、改善すべきところは改善すべきだと考えていた。だから私といっしょにいる間中、新規取引先を見つける方法や、顧客によりよいサービスを提供するやり方、むだ時間をなくすための方法、仕事に意欲が出る給与体系などのアイデアを語り続けるのだった。

自分が考えだした新しい宣伝キャンペーンについても嬉しげに話し、別れぎわに「私が考えているアイデアを聞いていただいたことに感謝しています。私たちの会社はよいセールス部隊を持っていますが、私はそれをもっとよくすることができます」と言うのだった。

もちろん私は第三の男を社長に推薦した。そしてそれは、社長の考えとも完全に一致するものだった。拡張を信じ、能率を信じ、新製品を信じ、新しいプロセスを信じ、よりよい繁栄を信じることが大切なのである。進歩を信じ、進歩を追求しなさい。そうすれば、あなたはよい指導者になれるだろう。

チェックリスト——私は進歩的に考える人か？

(1)　私は自分の仕事に対して進歩的に考えているか？

①　私は自分の仕事を、「どうしたらもっとよくすることができるか？」という態度で見ているか？

②　私は私の会社、そこに働いている人びと、会社で売っている製品を、あらゆる機会にほめているか？

③　私の仕事の質と量に関する個人的基準は、三か月ないし六か月前よりも高くなっているか？

④　私は部下、同僚、その他、いっしょに働いている人たちの立派な手本となっているか？

(2)　私は自分の家族に対して進歩的に考えているか？

①　現在の私の家族は、三か月ないし六か月前よりも幸福だろうか？

②　私は家族の生活水準を改善する計画を立てているか？

③　私の家族は家庭外の、興味をそそるいろいろな活動をしているか？

④　私は自分の子供たちのために、進歩的な親であるという手本を示しているか？

(3)　私は自分自身に対して進歩的に考えているか？

①　私は現在、三か月ないし六か月前よりも価値ある人間であると心から言うことができるか？

②　私は自分の価値を増すために、組織的な自己改善プランを立てているか？

③　私は少なくとも五年先の目標を持っているか？

④　私は自分が属するあらゆる組織ないしはグループの推進者であるか？

(4)　私は社会に対して進歩的に考えているか？

①　私は過去六か月間に、私が住んでいる地域を改善したと心から思われるようなことを何かしたか？（近所、教会、学校などに対して）

② 私は住んでいる地域に対して何か価値のある仕事をするのではなく、反対したり、批判したり、不平を言ったりしなかったか？
③ 私は自分が住んでいる地域に何か価値ある改善をもたらすために先頭に立ったか？
④ 私は近所の人とか知り合いの市民のことをよく言っているか？

リーダーシップの原則第四――自分自身と相談する時間を持つこと そして、あなたの最高の思考能力を開発すること

指導者というと、すべからくみなとても多忙なのだろうと思ってしまう。実際、彼らは多くのことに取り囲まれ、多忙であることは事実だ。しかしよく観察すると、彼らはかなりの時間を一人で過ごしているということに気がつく。指導者たちが一人で考える時間をちゃんと持っているということは、意外と見落とされているのだ。

宗教上の偉大な指導者たちもそうだ。モーゼの生涯を調べてみると、彼が長い期間を一人で過ごしていることがわかる。イエスもそうだった。釈迦も孔子も、モハメットもガンジーもみな、この世の雑音をのがれて、一人静かな時間を持っているのである。

政治的な指導者たちもそうだ。彼らもまた、一人孤独に過ごすことによって、世の中を見る洞察力を得たのである。フランクリン・D・ルーズベルトは、小児麻痺の発病から快復するま

での間、多くの時間を一人で過ごした。この時間がなければ、あの異常なまでの指導能力を身につけることはできなかったかもしれない。ハリー・トルーマンもまた、少年時代から成人になるまで、ミズリーの農園でかなりの時間を一人で過ごしている。共産主義の指導者たちにおいてもそうだ。レーニン、スターリン、マルクスらは、刑務所の中だとはいえ、喧騒からのがれて運動のプランを練る時間を持っていたのだ。

何も著名な指導者たちに限ったことではない。主要な大学では、教授たちは週に五時間ぐらいしか講義しないが、それは、彼らに考える時間を与えるためなのだ。また、すぐれた会社の幹部たちの一週間なり一か月をよく観察してみると、彼らも驚くほど多くの時間を沈思黙考にあてていることがわかるはずだ。

これらの事実はいったい何を意味しているのか。それは、どのような分野であれ、成功した人は、自分自身と相談する時間をちゃんととっているということだ。指導者たちは、問題をまとめ、解決策を考え出し、計画するためにこの時間を使う。ひと言で言えば、思考の威力を発揮するために、一人でいる時間を利用しているのである。

多くの人がこのような指導能力を開発できないのは、一人でいることに耐えられなくなるからだ。こうして、自分自身と対話し相談するのではなく、誰かれの区別なく相談してしまうのである。だから、いつも人といっしょにいることを好む。一人ではいられず、いそいそとほかの人に会いに出かけていく。たまに夜、一人になることはあっても、すぐ誰かと話したいという衝動にかられてしまう。要するに、世間話やゴシップが大好きなのだ。

一人になってしまうと、何とかして精神的な孤独から逃れる道を探そうとする。こうしてテレビやラジオや新聞や電話にかじりつくのである。

このような、一人でいられない人間は、どうしても自主的な考えを避けよう避けようとする。そして時がたつにつれ、しだいに浅薄な人間になってくる。世間話やテレビなどが思考能力を奪ってしまうからだ。自主的に考えようとせず、精神の安定も失って、まちがった動きをするようになる。不幸にも、前頭部に眠っている超自然の力を用いないままになってしまうのだ。

一人でいられないような人間になってはいけない。成功する人は、一人になることによって、その超自然の力を開発しているのだ。あなたにもそれができないわけがないのである。

超自然の力の開発

ある自己開発講習会のとき、一三人の受講者全員に二週間の間、毎日一時間だけ一人の時間を持つようにさせてみた。あらゆる喧騒から自分を遮断し、そのとき心に浮かんだことを建設的に考えてみるようにと指示したのである。

二週間すぎて報告を聞くと、一人の例外もなく、この体験がとても貴重なものだったと言うのだった。ある男は、会社の幹部とひどい仲たがいをするところまでいっていたのだが、一人になって考えてみることによって、問題の原因を発見し、それを矯正する方法まで発見することができたと語った。ほかにも、転職の問題や家庭内のいざこざ、息子の大学の問題など、いろいろなことが解決できたと報告してきたのである。そして全員が、自分の長所や欠点、それはとりもなおさず自分自身についてなのだが、そのことについて以前よりもずっとよく理解できるようになったと言うのである。そしてまた、ある重要な点を発見していた。それは、孤独に一人で考えて下した決定や観察が、驚くほど正確なものであったということである。

リーダーシップを身につけるための準備

今すぐ、毎日一定時間（少なくとも三〇分）、完全に一人になれる時間を持つと決心しなさい。人が動き始める前の早朝の時間でもいいだろう。あるいはまた、夜おそい時間でもいい。大切なことは、喧騒にわずらわされず、精神が新鮮でいられるときを選ぶことである。

このような時間を、ではどのように使うのか。一つは、ある方向づけられた思考をするのに用いるのであり、もう一つは自由な思考をするのに用いる。

方向づけられた思考とは、例えば、いま直面している問題を再検討してみるというようなことだ。孤独な時間の中で、あなたはその問題を客観的に考えることができるだろう。そして、正しい解決法を導き出すことができるはずだ。

自由な思考をするためには、あなたの心にまかすことだ。そうすれば考えたいと思うことが、あなたの記憶の貯蔵庫から順次導き出されてくる。それを自由に考えればいいのである。このような自由な思考は、例えば、自己評価をしようとするときなどには非常に役に立つ。「どうしたら物事をもっとよくすることができるか？」とか「次にすべきことは何なのか？」といったあなたにとって根本的な問題に取り組むのに役立つのである。

いずれにせよ、指導者にとっては、考えることが重要な仕事の一つであるということを覚えておきなさい。だから、リーダーシップを身につけたいと思うのなら、まず考える準備を整えることだ。毎日一定の時間を一人で考えるためにとっておきなさい。そして成功への道を考えるのだ。

まとめ

よりすぐれた指導者になるために、次の四つの原則を活用しなさい。

(1)　あなたが物事を相手の立場で見るなら、その人に何かをやってもらうことも容易になる。行動する前に次の問を発してみることだ。「あの人の立場に立ってみたら、どう考えるだろう」と。

(2) 人と交際するときは「人間的であること」を原則としなさい。「人間的に扱うにはどうすればいいのか」と問いなさい。何をする場合にも、相手を第一に考えなさい。ほかの人に対して、自分ならそうしてほしいと思うような行動をとりなさい。必ずそれだけの報いが返ってくるはずだ。

(3) 進歩を考え、進歩を信じ、進歩を追求しなさい。何事をするにも、高い基準で考えることである。長い間には、部下たちはその長たる人に似てくるものだ。だから、立派なお手本になるよう心がけることだ。

(4) 自分自身と相談する時間を持ち、高度な思考能力を開発しなさい。一人になる時間をつくり、創造力を解放することだ。そしてそれを、個人的問題や仕事上の問題解決のために活用することだ。毎日一定時間を、一人で考えるために当てなさい。すべての偉大な指導者たちと同じように、この思考技術を用いることだ。そしてあなた自身と相談するのだ。

人生の最も重大なときに大きく考えることの魔術を用いるには

大きく考えることの中には魔術がひそんでいる。しかし残念なことに、それはすぐ忘れられてしまう。何かつらい立場に置かれると、たちまちあなたの考えは小さくちぢんでしまうのだ。そうなればもうおしまいだ。

次に述べるのは、ちぢこまってしまいそうになったときにも、大きな考え方を持ち続けるための手引きである。小さなカードにでも書き写して、いつでも取り出せるようにしておきなさい。

(1)　くだらない人間たちがあなたをおとしいれようとしたときには、大きく考えなさい。

世の中には、あなたの失脚を望んでいる人がいるものだ。あなたが不運な目にあったり、非難されるのを喜ぶ人がいるのである。しかし次の三つのことを覚えておけば、このような人たちから傷つけられることはなくなるだろう。

①　つまらない連中など相手にしようとしなければ、それはとりもなおさずあなたの勝ちなのである。つまらない人間を相手にすればするほど、あなたの価値は低くなる。大きなままでいなさい。

②　常に狙われていると覚悟しなさい。狙われることは、あなたが成長しつつあることのあかしでもあるのだ。

③　人を狙うような人間は、精神的には病人なのだということを覚えておきなさい。大きな気持ちを持ち、彼らをかわいそうだと思えばいいのだ。つまらない人たちからの攻撃に対

するには、十分に大きく考えることなのである。

(2) 自分にはその資格がないなどという考えが忍びよってくるようなときには、大きく考えなさい。

次のことを肝に銘じておくことだ。自分は弱いと感じるときには、弱いのだ。自分が不適当だと感じるときには、不適当なのだ。自分は二流でしかないと考えるときには、二流なのだ。

次のようにして、自分を過小評価する傾向を打ち破りなさい。

① 重要に見えるようにしなさい。そうすれば、自分は重要な人間だと考えられるようになる。外からどう見えるかは、あなたが内心どう考えているのかと大いに関係があるのである。

② あなたの資質に注意を集中しなさい。自分を売りこむコマーシャルをつくり、それを活用しなさい。積極的な自分を知りなさい。

③ ほかの人を正しく評価しなさい。相手も同じ人間なのだ。恐れる必要など何もない。実際はどんなに立派な人間であるかということを知るために、十分大きく考えることである。

(3) 議論や争いが避けられないと思うときには、大きく考えなさい。

議論したり喧嘩をしたいという誘惑に駆られたときには、次のことをすることだ。

①「正直に言って、このことは議論しなければならないほど重要なことなのだろうか？」と自分に問いかけてみる。

② 口論によって得られるものは何もない。失うものばかりだということを忘れないこと。争い、議論、反目、騒動などは、あなたにとって何の役にも立たないことを知るために、十分大きく考えることである。

(4) 敗北・挫折を感じたときには、大きく考えなさい。

苦労や失敗がなければ成功しない。しかし、敗北を敗北とせずに、これからの人生を送ることは可能だ。大きく考える人は、敗北や挫折を次のように考える。

① 敗北や挫折を一種の授業料と考えなさい。それから学ぶことだ。それを研究してみることだ。そして、あなたを前進させるためにそれを用いることだ。敗北や挫折から何かをつかみだすのである。

② 忍耐強く実験を繰り返しなさい。もう一度もとにもどって、新しいやり方でやりなおしてみることだ。

敗北や挫折は心の状態以外の何ものでもないことを知るために、十分大きく考えなさい。

(5) 仕事についての進歩が止まったと思ったときには、大きく考えなさい。

高い地位や高い給与を得られるかどうかは、仕事の質と量を高められるかどうかというただ一点にかかっている。次のことをすることだ。

「私はもっとよくすることができる」と考えなさい。最善は達し得ないことではないのだ。何事であれ、もっとよくする余地は残されているものだ。だから「もっとよくすることができる」と考えれば、そうする方法が必ず出てくる。「私はもっとよくすることができる」と考えることによって、あなたの創造力にスイッチが入れられるのである。

あなたのほうから最初にサービスすれば、金は自然に入ってくるということを知るために、十分大きく考えることである。

「賢明な人は彼の心の主人となるが
　愚か者はその奴隷となる」

という言葉をよく覚えておくことだ。

訳者あとがき

この世で大きなことをなしとげる唯一の方法は、物事を大きく考えることである。大きく考えるのも小さく考えるのも、考える労力の点ではあまり変わらないが、前者は後者に比べると、比較にならないくらいの収穫をもたらす。本書はそれを実現する方法を述べたものである。ここでは、仕事、結婚、家計、社会的・文化的業績において、大きなスケジュールで生きる独特のプログラムが述べられている。そのために人並みはずれた知力や才能を必要とするわけではない。必要なのは、大きなスケールで考え、行動する習慣を身につけることだけである。

著者は本書の一三章にわたって、あなたの態度と熱意に新しい方向を与えようとした。人生の目標を単なる夢想としてではなく、はっきりとした鋭い目標として、どう設定するか、自分には不可能と思っていた物事を成就する方法は何か、自信と平静な態度を身につける方法は何か、アイデアを開発し、それをダイナミックな行動に転化するにはどうしたらよいか、人からの協力を得るにはどうすべきか、リーダーシップを身につけるには——その他、人生にとって重要なすべてのことに、著者はきわめて具体的で的確な指示を与えている。

イギリスの偉大な政治家ディズレーリは、「人生は小さくなっているには短すぎる」と言ったが、著者はさらにこれに付け加えて、次の言葉でこの本の特長を要約している。

「大切なのはあなたの頭脳の大きさではなくて、あなたの考え方の大きさである」と。

著者ダビッド・J・シュワルツ博士の経歴を簡単に記しておくと、ネブラスカ大学で理学士の、オハイオ州立大学で経営管理修士と哲学博士の学位をとっており、その専門分野は、経営組織、マーケティング、経済、そして心理学に及んでいる。

これまでに、マーケティングと経営管理に関しての著述や、ビジネスやセールスに関する雑誌に多数の論文を寄稿している。人間能力の開発に関するコンサルタントもしているが、ジョージア州立大学経営管理学部の教授としても知られている。

訳　者

著者紹介

ダビッド・J・シュワルツ（David J. Schwartz）

ネブラスカ大学で理学士取得。オハイオ州立大学で修士号、オハイオ州で博士号取得。ジョージア州立大学経営管理学部教授。専門分野は主として、経営組織、マーケティング、経済、心理学。また、人材の活性化および開発を手がける業界のコンサルタントも務める。

訳者紹介

桑名一央（くわな　かずお）

1938年東京大学法学部卒業。日本評論社に入社し編集活動に従事した後、ダイヤモンド社に移り、ビジネス書出版を開拓。ビジネス社を創立した後、多彩な執筆・講演活動に専念。1981年没。

大きく考えることの魔術（新訂版）

一九七〇年　七　月二十五日　初版第一刷発行
二〇〇四年　九　月二十五日　新訂初版第一刷発行
二〇一三年　十　月　十五　日　新訂初版第七刷発行

著　者　ダビッド・J・シュワルツ
訳　者　桑名一央
発行者　池澤徹也
発行所　株式会社　実務教育出版
東京都新宿区新宿一－一－一二　〒一六三－八六七一
電話　〇三－三三五五－一八一二（編集）
〇三－三三五五－一九五一（販売）
印　刷　精興社
製　本　東京美術紙工

ISBN 978-4-7889-0718-8　C 0012　Printed in Japan

信念の力〔新訂版〕

H・シャーマン著／桑名一央訳

本書に書かれた簡単なルールを守るだけで、潜在意識の秘密の扉を開き、信念の力の奇跡を目の当たりに見ることができるだろう。あなたの人生を大きく変える本。

潜在意識の力〔新訂版〕

桑名一央著

潜在意識の力を利用して、人生を成功へと導いた人は数多くいる。その秘訣をだれにでも理解しやすく、実生活に役立つようにまとめられた「潜在意識」の決定版！